U0115991

中華文化思想叢書

近代中國文化概論

張海聲　編著

目次

前言[*]

　　當今世界，文化與經濟、政治相互交融，其在綜合國力競爭中的地位和作用越來越突出。文化的力量，深深地鎔鑄在民族的生命力、創造力和凝聚力之中。在目前大學、中學的歷史教科書中，中國近代文化至今仍是最薄弱的部分，給教和學帶來極大的困難。為滿足大學、中學文化使教育的急需，填空補缺，加強薄弱環節，編者在使用多年的中國近代史講義的基礎上，廣泛蒐集資料，整理修訂了近代中國思想、文學、史地、教育、科技、婦運、報刊、藝術、宗教等方面的史料。從「史」的角度出發，闡述近代中國文化興衰演變的歷史，評介中西文化相互交融、滲透的複雜關係。當然，這些內容遠沒有能包含作為意識形態的近代文化的全部內涵，只是對重要的方面、主要的問題進行了比較詳細的評述。這本小書盡力做到觀點鮮明公允，資料詳實準確，文字簡明通暢，把科學性、知識性、時用性揉於一體。做為中國近代史教學的參考資料，本書若能解決燃眉之急，給廣大的大學生、中學生有所裨益，編者就心滿意足了。

　　本書編寫過程中，參考了已經出版的有關書刊。本書出版得到西北師範大學教務處、科研處、歷史系的大力幫助；也獲得親人的關心支持，在此一併表示衷心感謝。

作者

2011年12月

---

* 編案：本文為簡體版之前言。文字根據臺灣讀者的閱讀習慣，略有調整。

緒論

一　中國近代文化史研究概況

　　毛澤東先生早就指出，對中國近代史，「應先作經濟史、政治史、軍事史、文化史幾個部分的分析和研究，然後才有可能作綜合的研究」。但是，半個世紀過去了，中國近代文化史的研究卻沒有取得應有的成果，在整個史學領域裏還處在落後的地位。有關資料表明，從一九一九年到一九四九年，國內出版的文化史專著約有一百多種；而從一九四九年到一九七九年，標明為文化史的著作只出版了一種。中國近代文化史方面的專著更寥寥無幾。在中國近代史的著作裏，「文化」或是薄弱章節，或是空白。到一九八〇年為止，專門研究中國近代文化史的機構只有一家。高等院校也不開設這方面的課程。講近代史著重講反帝反封建的民主革命史，豐富多彩的中國近代史被一部政治史所取代。

　　研究狀況的落後，既有社會原因，又有學科本身的原因。首先，建國以後，為了政治鬥爭的需要，史學界加強對近代政治史的研究，揭露帝國主義、封建統治者的罪行，說明資產階級不能改變中國的半殖民地半封建社會面貌，闡述只有社會主義才能救中國的真理，這無疑是必要的，而且也產生積極的影響和較好的效果。但是，史學界忽略了包括文化史在內的其它領域的研究。其次，「左」的思想影響研究工作的開展。在相當長一段時間內，傳統文化被否定，受批判。一些敢於提出不同觀點的人往往受到非難。特別是在十年動亂期間，傳

統文化被斥作「四舊」統統打倒，文化史的研究成了人們難以涉足的
禁區。此外，文化史作為一門綜合性學科，包括的內容較多，涉及的
知識較廣，要求研究者不僅要有廣博的知識，而且還要有一定的綜合
分析能力。與其它學科相比，它的研究難度更大，因而也就成為人們
不易涉足的領域。

中國近代文化史研究的落後狀況與我國在新的歷史時期賦予歷史
學科的重大使命是很不相稱的。為了盡快改變這種狀況，必須大力加
強中國近代文化史的研究。

一九八四年十一月，在河南鄭州召開中國近代文化史學術討論
會，就中國近代文化史研究的對象、範圍和方法、中國近代文化的特
點、作用和歷史地位展開熱烈的討論，同時還對編纂《中國近代文化
史從書》、《中國近代文化史論叢》以及如何推動中國近代文化史研究
深入開展，提出了建議。

一、提倡多樣性研究。中國近代文化史，說起來是老課題，現在
卻成了新學科。過去在某些專題資料的整理和專題史的研究方面，雖
然有了一定的基礎和收穫，諸如教育史、思想史、報刊史、文學史、
電影史等等，但就整個中國近代文化史而言，還才剛剛起步，基礎相
當薄弱。因此，必須大膽創新，百花齊放，百家爭鳴，開展多樣性研
究，既可進行宏觀的整體性研究，也可進行微觀的專題性探討，把宏
觀研究建立在微觀研究的基礎上；既要重視理論方面的闡述，也要提
倡具體的考證。總之，要發揮各家之長，多出成果，快出成果，把中
國近代文化史的研究推進到一個更新的階段。

二、加強綜合性研究。資料整理和專題研究要同時並舉，互相促
進。要組織力量繼續發掘收集整理各種有關資料，特別要充實填補薄
弱環節和空白點。盡快編輯一套《中國近代文化史資料叢刊》。同
時，也必須加強對近代中國各種文化現象進行綜合性的分析和研究。

　　三、開拓新的領域。制定一個時期內切實可行的規劃，避免不必要的重複勞動，為了填補空白，要不斷提出新的選題，開拓新的領域。比如，傳統文化的封閉性問題，什麼是「西方文化」，近代中國對於外來文化為什麼表現出一種否定性接受的傾向，即有的人既不肯承認外來文化的長處，而又處處在吸取其中的養料，這就需要研究近代的民族心理。又如，聽命於「三從四德」的中國婦女，為什麼到了近代會有人熱衷於留學、辦報、組織學會，這就需要研究傳統觀念在近代的變化。再如，近代科技在「西學東漸」的影響下到底發生了什麼變化，對社會產生了什麼影響，這就需要研究近代科技史。此外，還有少數民族文化、區域文化、社會風俗等課題，都亟待開拓。

　　在開拓新領域的同時，還應加強對基本問題的研究。基本的核心的問題是中西文化關係問題。一八四〇年鴉片戰爭爆發後，西方文化隨著資本主義列強的大炮、商品和傳教士被傳播進來。中國有識之士在大炮聲中驚醒起來，為了救國救民，他們改變了傳統的偏見，反過來從西方文化中吸取可資利用的東西。西方文化傳播進來後，與傳統文化發生接觸，用時興的新名詞說叫做「撞擊」，這就出現了中西文化關係問題。圍繞中西文化關係問題，產生了種種議論和主張，除完全排斥西方文化者外，還有諸如「西學源於中國」說，「中學為體、西學為用」說，「中西會通」說，「全盤西化」說，「本位文化」說，等等。中西文化關係成為中國近代文化史的一條主要線索。中西文化衝突有時表現得很尖銳，在朝廷和上層士大夫內部有明顯的表現；在民間和下層群眾中也有強烈的反響。而上上下下對西方文化大都表現出共同的排斥性，如反對修建鐵路、「教案」等，就反映出共同的民族文化心理、感情和習慣。中西文化的矛盾衝突貫穿在近代整個社會生活中，隨時隨處可見，大的如政治活動，小的如風俗習慣。中西文化矛盾衝突的原因較複雜，例如西方文化是和侵略勢力一起進來的，

在被侵略者心目中，很難把西方文化和侵略完全分開，不可避免地會有所抵拒；長期形成的「天朝上國」、「禮義文物之邦」的盲目優越感，對於西方文化同樣是輕蔑的；每個民族的文化對外來文化都有排斥性，中國傳統文化和西方文化是兩種不同類型、不同性質的文化，而以儒學為中心的傳統文化又很古老，很凝固，對西方文化的排斥是顯然的；生活方式、道德、觀念、心理、感情、習慣等差異，也都會產生難以接受西方文化的心理及感情因素，何況西方文化傳播進來的並不都是精華，還有腐朽的糟粕，等等。從近代歷史發展的進程看，中西文化矛盾衝突的趨勢不是越來越尖銳，而是逐漸減弱，而且還存在著互相會通融合的另一面。一八九五年中日甲午戰爭後，中西文化會通融合的趨勢更為明顯。「中學為體、西學為用」被洋務派構成一種「不中不西、即中即西」的新學。從洪秀全、洪仁玕、康有為、孫中山等領袖人物看，也都程度不同地體現出中西文化融合的趨向。

中西文化既矛盾衝突又會通融合的過程，也就是中國文化在近代變化和發展的過程。在這個過程中，產生和發展了中國資產階級的新文化。在中國文化近代化的過程中，自然科學的發展，學校、話劇、油畫等教育和藝術的興起，民權平等新觀念的傳播，史學、文學等學科中新的觀點和方法的引進，都改變了傳統的面貌。

四、在研究和教學實踐中大力培養專門人才。文化史研究落後狀況的改觀，主要取決於人才的發掘和成長。在中國近代史的教學中，有條件的院校可以儘量增加文化史方面的內容，或以舉辦專題講座、專題學術報告等形式引起教學工作者、研究工作者以及廣大學生的興趣。對現有研究機構，可以適當充實力量，把有志於近代文化史的研究人員以適當的方式組織起來，培養造就一支研究隊伍。

文化史研究的特點，決定著對研究人員的特殊要求。文化史在學科體繫上應具有三種層次：一、文化哲學，即研究文化和文化史的基

本理論和方法；二、文化的社會效應與作用，即文化社會學；三、文化發生、發展、變異、演化的過程，即依年序演變的歷史。一部好的文化通史，往往內含這三種層次，而又融匯貫穿、渾然一體。

　　文化史的研究者必須具有比較廣博的知識，不僅要有橫向的知識，而且還要有縱向的知識；不僅要有中國史的知識，還要有世界史的知識。一個時代的文化形態和文化特徵表現在整個社會的各個領域。研究文化史，僅僅熟悉某一專科或某些具體史實是不夠的。比如，以往人們研究西方文化對近代中國的影響，比較注意思想、教育等方面的情況。事實上，從倫理道德、社會風俗，以至體育、戲劇、衛生等方面，都可以看到西方文化影響的印記，有的還更富於典型意義。同時，文化又有很強的延續性，它的演變和政權的更迭不同，是非常緩慢的。近代中國的許多文化現象都是古已有之，是傳統文化的延伸。因此，研究近代文化必須對傳統文化有相當的瞭解，必須從多層次多角度去思考問題。

　　長期以來，由於學科的分類越來越具體，人們往往注重各學科領域的深入研究，相對而言，偏重於跨學科的綜合性研究人才就顯得不夠。培養出來的研究人員，知識結構很不完備。常常看到搞政治史的不能回答經濟史的問題，搞經濟史的不理解文化現象。政治、經濟、文化、軍事，各領風騷，互不相通。寫成的通史或斷代史，幾乎都是幾大塊的拼盤，邊緣地帶出現許多空白，至今無人問津。這種狀況是不利於中國近代文化史研究順利進行的。

　　一九八四年三月，全國史學規劃會議上文化史小組討論提出，「六五」和「七五」期間開展中國近代文化史研究的初步方案：

　　資料整理和外文書刊的翻譯方面，確定的專案有：中國近代中西文化論爭資料選輯（1840-1949年），中國社會風尚變化資料選輯（明末至1949年），中國近代文化史中外文書目，中國近代文化史中文論

文目錄，翻譯若干種國外有代表性的文化史著作。

有的先生正在研究某些專題，比如，馬克思主義與中國文化、中國半殖民地半封建社會文化形態、中國近代文化史編年、從近代思想啟蒙到五四新文化運動、儒家思想與近代中國、封建禮制對中國近代文化的影響、近代中學與西學、近代中國倫理道德觀念的變化、中國近代民俗的演變、中國近代婦女生活史、宗教與中國近代社會生活、中國近代語言文學的變化、近代北京上海文化比較研究、近代經學、近代今文經學、鴉片戰爭前後的經世思想、二十世紀初年的文化思潮、進化論與近代中國、民權民主觀念在近代中國的發展和影響、魯迅文化思想研究、梁啟超文化思想研究、嚴覆文化思想研究。

有條件的研究機構和大專院校，從一九八四年起招收中國近代文化史研究生，開設中國近代文化史課程，北京師範大學設立中國近代文化史研究室，並招收研究生。會上議定暫由龔書鐸、李文海、王汝豐、劉志琴、陳旭麓、湯志鈞、張磊七先生組成工作小組，編印通訊。聯絡點設在北京師範大學歷史系。

傳統與現代關係的討論，肇始於二十世紀八○年代中期，其直接原因是改革開放之後在追趕世界現代化浪潮過程中對傳統文化的反思。因此，它一開始便以「文化熱」的形式出現，並涉及人文社會科學的各個領域，幾乎構成了近二十年中國學術發展的主線。如果說八○年代的文化討論是在自由主義和某種激進思潮引領下表現出強烈的反傳統色彩放，那麼，九○年代各種形式的文化保守主義則構成了文化討論的主流。

二十世紀九○年代初以來，就有人主張「告別革命」，一些高喊「振興國學」的論者，也批評「五四」新文化運動對傳統文化的激進態度，導致了民族虛無主義的氾濫和日後中國社會生活的混亂，甚至對新文化運動的先驅們進行了種種不恰當的指責。對此，不少學者予

以反駁，重申了「五四」民主、科學精神對於我國現代化事業的偉大歷史意義和現實意義。即使在今天，民主與科學仍然是擺在我們面前的艱巨任務。

二　文化史研究的對象

　　什麼是文化、文化史，向來眾說紛紜，中外名家的解釋多達幾十種。較早提出文化的定義並產生頗大影響的，是被稱為「人類學之父」的英國學者泰勒。他著於一八七一年的《原始文化》第二卷中把文化的定義表述為：「文化或文明就其廣泛的人種學意義而論，是一個復合整體，包括知識、信仰、藝術、道德、法律、風俗，以及作為社會成員的人們獲得的任何才能和習慣。」美國人類學家克魯伯和克羅孔合著的《文化·關於概念和定義的檢討》一書，列舉了世界各國學者對文化所下的具有代表性的四十六種定義。外國百科辭書中選譯了二十二種解釋「文明」、「文化」的條目。這表明研究者是從不同的角度、用不同的觀點來解釋文化的。對此，有的先生認為文化史包括的範圍相當廣泛，其內涵和外延本來就不明確，或者說是一種模糊概念，因此，無須為它下一個精確的意義。大多數先生則認為，文化史是有特定的研究對象的，不過先不要急於爭論定義，而應考慮先劃定文化史研究的範圍。

　　關於文化史研究的範圍，歸納起來大致分為兩類：一是廣義的，即把物質文化和精神文化都視為文化史研究的範圍；一是狹義的，即把文化史的研究只限定在精神文化（觀念形態）的範圍之內。絕大多數先生認為，按廣義去理解，文化就成了無所不包的東西，文化史也就成為全部社會史，這樣也就把中國近代文化史與中國近代通史等同起來，實際上是否定了這一學科的特殊性。

　　毛澤東先生對文化、中國近代文化史的論述，可以說是最明確最具體的。他在一九四〇年寫的〈新民主主義論〉中，簡明扼要地指出：「一定的文化（當作觀念形態的文化）是一定社會的政治和經濟的反映，又給予偉大影響和作用於一定社會的政治和經濟；而經濟是基礎，政治則是經濟的集中表現。」在這部著作中，毛澤東對中國近代文化的歷史特點、近代文化史的基本內容和表現形態，作了科學的分析和精闢的論斷，對研究近代文化史至今仍有著重要指導意義。

　　作者認為，應把文化的涵義限制在意識形態的範圍內。不能把文化說成是人類社會生產和生活各個領域無所不包的東西，如果那樣理解文化，文化史的範圍就會包羅萬象，漫無邊際。這不僅給中國近代文化史的研究帶來更大的困難，而且也會造成文化史與其它學科關係上的混亂。如果文化史既要包括社會經濟基礎，又要包括上層建築；既要包括生產力，又要包括生產關係；既要包括物質文明，又要包括精神文明；既要包括社會科學，又要包括自然科學，那麼它就成了「百科全史」。因此，把文化看作是一定社會的政治和經濟在觀念形態上的反映比較切合實際。中國近代文化史，就是要研究、反映中國近代社會政治和經濟的意識形態發生、發展、變化的歷史。說得具體一點，中國近代文化史就是要研究觀念形態，包括哲學、政治思想、宗教、道德觀念、文學藝術、科學等；研究傳播和反映這些觀念形態的方式和手段，如文學、教育、新聞、出版、圖書館、體育、衛生等；還要研究具有民族特色的社會生活要素，如風俗習慣、衣著、飲食、居住、禮儀等。

　　文化史的範圍即使限定在意識形態方面，也要涉及相當廣泛的專史領域。因此，搞清文化史與各種專史（如哲學史、思想史、文學史、藝術史、宗教史、科技史）的關係是十分重要的。史學界認為，文化史與各種專史是包容與被包容的關係。各專史是構成文化史不可

缺少的組成部分。如果沒有這些專史作為研究的基礎,那麼,文化史的研究就如同建築在沙灘上的樓閣。專史是具體探討各個部門的特殊規律,注意個性問題,而文化史則是研究各專史之間的相互作用、影響及滲透情況,探討它們共同的特點、形態和效應,它是對各專史的進一步的綜合與分析,並努力創建文化史的科學體系。

三　中國近代文化史的特點

中國近代文化史是中國近代史的一個分支,也是一門交叉綜合的獨立學科。

從時間上講,中國近代文化史只有一百多年。但是,在短短的百餘年間,整個文化領域卻發生了異常激烈的鬥爭、動盪和變化。這是與結構比較單一的古代文化有所不同的。近代文化有「變」的特點。鴉片戰爭以前,在意識形態領域占統治地位的是孔孟儒學。雖然歷史上有過幾次較大規模的外來文化的輸入,但始終沒有改變傳統文化的體系和結構。鴉片戰爭以後,伴隨殖民侵略而傳入的西方文化,衝擊並改變了中國的傳統文化,使它從單一的封建文化變為包括封建文化、帝國主義文化、資產階級文化和無產階級文化在內的近代文化。這種變化表現在兩個方面:一是文化本體的變化,其核心由封建倫理綱常逐漸變為資產階級的民權平等;一是文化部門結構的變化,即舊學科的衰落(如經學)和新學科及其附屬品的興起(如政治學、經濟學、法學以及近代報刊、出版、圖書館等),一些傳統學科(如文學、藝術)也往往在舊的形式下注入了新鮮的內容。近代文化是在中國淪為半殖民地半封建社會的條件下形成的,它一開始就跟政治密切相關,因此,要求獨立和民主成為近代文化的主要內容。

有的先生主張用「古、今、中、外」四個字來概括中國近代文化

的特徵。就是說，中國近代文化既有古代傳統文化的遺產，又有反映時代特點的新文化；既深受外來文化的影響，又保持許多中國文化的特點，集古今中外於一體。它們之間的相互滲透、影響、吸收和鬥爭，構成中國近代文化絢麗多彩的畫卷。縱觀近代文化名人，無論是魏源、康有為、梁啟超、嚴復，還是陳獨秀、李大釗、胡適，他們的文章著述所及，無不包括「古今中外」。有先生認為「古今中外」的核心是「中、外」。所謂「中」是指中國傳統文化，包括了「古」，「外」是指西方文化，基本上代表了「今」，因此，中外可以包括古今。也就是說，中西文化之間的鬥爭、融合乃是中國近代文化的特徵。表現在文化名人康有為、梁啟超、孫中山、章太炎等人的思想上，既不是傳統文化的單線繼承，也不是西方文化的全盤照搬，而是熔中西學於一爐，帶有鮮明的時代色彩和民族風格。

任何一個國家的文化都不是在自我封閉的狀態下發展的，都要吸收、融合大量外來文化的因素，同時也反過來影響其它的民族和國家。這一點在近代中國顯得格外突出。到了近代，中國傳統文化已經遠遠落後於西方文化。對中國傳統文化採取民族虛無主義是不對的，但不加分析地全盤肯定，搞復古、搞國粹同樣也不對，保留封建糟粕對發展民族文化是有害的。

西方資產階級文化是比中國封建文化高一級的文化形態。但是，它在中國近代並不是以正常的文化交流形式輸入的，而是伴隨西方列強的鴉片、大炮、不平等條約出現在中國人民面前。這就使中國人對西方文化的認識複雜化：人們對洋鬼子的憎恨掩蓋了對封建專制的憎惡，向西方學習被認為是「賣國主義」，保護落後傳統反被看作「愛國主義」；勇於學習西方、立志改革的人身上留下了「崇洋媚外」的陰影，封建衛道士臉上卻塗了「愛國」的色彩。西方文化很複雜，其中有精華、有糟粕，必須作歷史唯物主義的分析。有的東西在不同的

環境、不同的歷史條件下，所起的作用大不相同。比如，西方的社會達爾文主義宣揚帝國主義弱肉強食的反動理論，是西方列強進行殖民主義侵略的思想武器，但是這種理論經過嚴復的介紹，卻成為中國人自強保種、救亡圖存的警鐘。因此，對於西方的思想文化一定要弄清它的原型是什麼，中國人接受時的變型是什麼，它在西方起什麼作用，在中國的特殊歷史條件下又起什麼作用，不可盲目肯定或盲目否定。

為什麼會出現對中國傳統文化保留過多，對西方文化批判過多的偏向呢？主要原因是：一、我國有幾千年的歷史，傳統文化發展得相當成熟、完備，形成一種巨大的歷史惰性，其影響必然根深蒂固；二、中國傳統文化比較注重人事和道德，容易被人們當作醫治近代社會各種弊病的藥方；三、西方文化是在帝國主義瘋狂侵略的背景下傳入中國的，西方文明與侵略行徑往往交織在一起，不易辨別，容易被籠統排斥；四、西方資本主義制度和文化本身具有腐朽、反動的內容，理所當然地引起中國人民的反感。

四 中國近代文化史的歷史地位和作用

過去有一種流行的看法，認為中國古代文化成就累累，舉世矚目，而近代文化卻無足輕重，不值一提。這是一種片面的看法。這種輕視中國近代文化的傾向必須改變，對它的歷史地位和作用應該作出新的符合實際的估價。

近代文化在繼承古代文化輝煌成就的同時，還大量地吸收世界先進國家和民族的文化，使延續幾千年之久的傳統文化發生根本性變革，在很多方面超過了古代文化。如近代的科學、思想、文藝等，與古代相比都有新的發展和提高；西方自然科學理論只是到了近代才在

中國真正植根。近代文學在文學理論、創作方法等方面都有重大突破，特別是在十九世紀末二十世紀初，小說地位大大提高，翻譯小說大批問世，改變了過去以詩文為主體的文學傳統。近代思想家突破了傳統的「天道觀」和陳舊的歷史觀的藩籬，提出了以進化論和民主精神為主要內容的資產階級哲學和社會政治思想學說。近代的中外文化交流並不僅僅是中國學習外國，中國的進步文化也曾給予外國以積極的影響，如魏源的《海國圖志》一八五四年傳入日本後，僅僅三年時間，日本人刊印的選本（包括翻譯本、自譯本、訓點本）即有二十二種之多，對明治維新前日本人瞭解世界大勢，接受西方文化，以至維新思想的形成都起了一定的作用。

中國近代文化與中國近代社會的變革是息息相關的。歷史表明，中國近代文化從開始醞釀、萌發到初步形成和發展，始終給予中國人民的反帝反封建鬥爭以積極的影響和推動。中國近代社會的急劇變化，促使社會思潮和文化形態也以驚人的速度發生變化。從鴉片戰爭前後龔自珍、魏源抨擊漢學、提倡「經世致用」和「師夷制夷」，到馮桂芬的「採西學」、「制洋器」以及清政府興辦「洋務」，不過二十年左右的時間；從「中體西用」思想出現到王韜、薛福成、鄭觀應等早期改良思潮的流行，也不過二十年左右；從王韜等人宣導的改良思潮到康有為、梁啟超等維新變法思想的傳開，只不過十年多的時間；從維新變法思潮的衰退到以孫中山為代表的民主革命的高漲，則不到十年；從隨著辛亥革命失敗而來的思想文化上的低潮到「五四」運動前後的新文化運動的興起和馬克思主義的傳播，也不到十年。新的思想文化有力地揭露了帝國主義的侵略罪行和封建勢力的黑暗統治，空前廣泛、深入地傳播愛國主義精神和「科學與民主」思想，激發中國人民爭取獨立和民主的信心，充當社會變革的思想先導，對革命運動起到推波助瀾的作用。

　　當然，中國近代文化在對中國近代的改革和革命起推動作用的同時，也存在著各種各樣的弱點和缺陷。比如，對封建文化的批判既有不深刻、不徹底的方面，又有對歷史文化遺產不分精華和糟粕，採取簡單地肯定或否定的方面；在對待西方文化的問題上，既有對帝國主義侵略認識不清，把一切西學都看作救國良方的偏頗，也有不從中國實際出發，主張「全盤西化」的謬誤。但是，所有這些問題，限於歷史條件，在當時都無法得到正確的解決。中華民族的文化復興，只有在推翻帝國主義、封建主義和官僚資本主義的統治，建立起社會主義制度後，才有可能實現。

　　總之，近代文化繼承了傳統文化的精華，吸收了外來文化的養料，豐富了中華民族文化的內容，是比古代文化高級的文化形態。儘管它還存在一定的缺陷，但是總的來說，近代文化對社會變革產生過積極的影響，為社會主義新文化的形成創造了必要的前提，在中華民族文化發展史上起了承上啟下的重要作用。

第一章
哲學思想

一　中國近代先進思想發展的基本線索

　　毛澤東先生說：「今天的中國是歷史的中國的一個發展；我們是馬克思主義的歷史主義者，我們不應當割斷歷史。從孔夫子到孫中山，都應當給予總結，繼承這一份珍貴的遺產。」

　　「自從一八四○年鴉片戰爭失敗那時起，先進的中國人，經過千辛萬苦，向西方國家尋找真理。洪秀全、康有為、嚴復和孫中山，代表了在中國共產黨出世以前向西方尋找真理的一派人物。那時，求進步的中國人，只要是西方的新道理，什麼書也看。向日本、英國、美國、法國、德國派遣留學生之多，達到了驚人的程度。國內廢科舉，興學校，好像雨後春筍……要救國，只有維新，要維新，只有學外國。那時的外國只有西方資本主義國家是進步的，它們成功地建設了資產階級的現代國家。日本人向西方學習有成效，中國人也想向日本人學。」

　　他在〈唯心歷史觀的破產〉一文中又說：「……從一八四○年鴉片戰爭到一九一九年的五四運動的前夜，共計七十多年中，中國人沒有什麼思想武器可以抗禦帝國主義。舊的頑固的封建主義的思想武器打了敗仗，抵不住，宣告破產了。不得已，中國人被迫從帝國主義的老家即西方資產階級革命時代的武器庫中學來了進化論、天賦人權論和資產階級共和國等項思想武器和政治方案，組織過政黨，舉行過革命，以為可以外禦列強，內建民國。但是這些東西也和封建主義的思

想武器一樣，軟弱得很，又是抵不住，敗陣下來，宣告破產了。」

毛澤東先生還說：「五四以前，學校與科舉之爭，新學與舊學之爭，西學與中學之爭，都帶著資產階級新文化和封建階級舊文化鬥爭的性質。那時的所謂學校、新學、西學，基本上都是資產階級代表們所需要的自然科學和資產階級社會政治學說。在當時，這種所謂新學的思想，有同中國封建思想作鬥爭的革命作用，是替舊時期的中國資產階級民主革命服務的。可是，因為中國資產階級的無力和世界已經進到帝國主義時代，這種資產階級思想只能上陣打幾個回合，就被外國帝國主義奴化思想和中國封建主義復古思想的反動同盟打退了，被這個思想上的反動同盟軍稍稍一反攻，所謂新學，就偃旗息鼓，宣告退卻，失了靈魂，而只剩下它的軀殼了。舊的資產階級民主主義文化，在帝國主義時代，已經腐朽，已經無力了，它的失敗是必然的。」

中國近代進步的政治思想包括兩個方面：一是反對帝國主義侵略的思想，也就是要求民族獨立和國家富強的愛國主義思想。二是反對封建主義的思想，也就是經濟上，反對落後的封建生產方式，要求發展資本主義的思想；政治上，反對封建專制統治的民主主義思想；文化上，反對落後的封建文化，提倡進步的科學的唯物主義思想。

中國近代進步思想產生、發展的歷史，就是近百年來中國人民大眾反帝反封建的思想產生、發展的歷史；同時，也是資產階級思想產生、發展及其衰頹和沒落的歷史；也是無產階級思想產生、發展乃至最後獲得勝利的歷史。

近代中國，產生的新經濟是資本主義經濟，出現的新階級是資產階級和無產階級。中國半殖民地半封建社會產生、發展起來的新經濟、新階級和新的政治力量，是中國近代進步思想產生和發展的物質基礎。

中國近代先進的政治思想的發展，大體可劃分成以下幾個階段。

一、從鴉片戰爭開始，外國資本主義侵入以後，產生了地主階級改革派的思想，其代表人物有龔自珍、魏源、林則徐、包世臣、姚瑩等。他們抨擊時弊，要求改革；主張瞭解世界大勢，向西方學習造船造炮技術；嚴禁鴉片，堅決抵抗英國侵略。這種思想曾和清朝統治集團中頑固守舊的思想進行過較量，成為後來資產階級維新變法思想的先驅。

二、十九世紀五〇年代，爆發了太平天國農民起義，在十四年反清王朝和反侵略的搏鬥中，產生並形成近代中國農民階級的思想，即體現在《天朝田畝制度》裏的空想的農業社會主義思想，並傳播了資本主義思想（天王洪秀全批示刊印洪仁玕提出的《資政新篇》），成為後來中國舊民主主義革命思想資料的借鑒。

三、十九世紀六〇年代以後，中外反動勢力開始勾結，確立了半殖民地的統治秩序，這時民族資本主義經濟開始產生，出現早期資產階級改良思潮，並與當時封建頑固派和洋務派的思想進行過針鋒相對的鬥爭。一八九五年中日甲午戰爭後，在民族資本主義初步發展的基礎上，推動了變法維新政治運動的到來。康有為、梁啟超、譚嗣同、嚴復等改良派主張：挽救民族危亡，要求國家獨立自主；發展資本主義工商業，學習西方，走資本主義道路；改變封建專制制度，實現君主立憲政體。這種思想為以後的資產階級民主革命開闢道路。

四、十九世紀末至二十世紀初，甲午戰爭失敗以後，帝國主義在華掀起瓜分狂潮，在長期反洋教鬥爭的基礎上爆發了以農民為主體的義和團反帝愛國運動。隨著民族資本主義經濟的發展，資產階級和小資產階級革命勢力開始興起，資產階級民主革命思想（孫中山的民族主義、民權主義、民生主義）在跟改良主義思想的鬥爭中發展起來，推動辛亥革命的到來。

五、第一次世界大戰後期，中國民族工業迅速發展，中國工人階

級也隨之迅速壯大，在俄國十月革命的影響下，初步具有共產主義思想的知識分子，開始傳播馬克思主義，進行反帝反封建的革命運動，揭開了中國新民主主義革命的序幕——「五四」運動。

以上五次不同的思想潮流，實質上都具有群眾性的政治鬥爭的性質，也可以說是幾次思想解放的啟蒙運動，反映了先進的中國人向西方尋找救國救民真理的過程。這幾次思潮不是偶然產生發展起來的，而是符合歷史辯證法，符合中國歷史特點。儘管它們沒有能夠改變中國貧窮落後的面貌，沒有能夠改變中國半殖民地半封建的命運，但這種先進的意識形態放射出的燦爛火花，產生過發聾震聵的影響，曾反作用於經濟基礎，都多少推動了歷史的進程。近代中國經過曲折複雜的發展歷程，最終找到馬克思主義這個科學的真理，從而否定了資產階級共和國方案，走符合中國國情的必由之路，在無產階級政黨中國共產黨的英明領導下，經過三十年艱苦卓絕的鬥爭，徹底改造了半殖民地半封建的中國，在取得新民主主義革命的勝利後，順利地轉變到社會主義革命。偉大的中華人民共和國的成立，標誌著新民主主義革命的結束和社會主義革命與建設的開始。

二 地主士大夫的變易進化觀

清代中國，和西方國家相比落後整整一個歷史時代，因此，思想文化方面自然也比歐美國家落後很多。那時的歐美各國，不但封建思想體系早已遭到致命的打擊，隨著資本主義的發展，資產階級思想體系也出現了危機，無產階級革命導師馬克思和恩格斯創立了科學的共產主義學說。而鴉片戰爭前的中國，是清王朝統治下的主權獨立的封建社會。封建專制制度衰敗腐朽，土地兼併空前嚴重，階級矛盾日益加劇，考據學、程朱理學非常盛行，又嚴格奉行閉關鎖國政策。封建

的政治、經濟、文化佔據統治地位，社會危機、民族危機一齊襲來。

經濟基礎決定上層建築，社會存在決定社會意識。中國封建社會居於統治地位的思想，是佔有生產資料居於統治地位的封建地主階級的思想。封建統治階級的代表人物，從道光、咸豐、西太后到穆彰阿、琦善等，他們都極力強制人們信奉儒家[1]經書和程朱理學[2]。在外來侵略和國內社會危機面前，他們反對任何改革。道光皇帝主張「攘外必先安內」，在反侵略戰爭中又下令「慎持國體，俯順夷情」，也就是說既要維持「天朝上國」的體面，又要馴服地滿足侵略者的欲望。清朝統治集團中的頑固派，十分害怕侵略者的堅船利炮，在炮艦淫威之下，紛紛走上妥協投降的道路。然而，他們還妄自尊大，說「我朝以德服人，不在兵威」。他們甘居落後挨打的處境，妥協退讓以至投降，還要自吹是「以德服人」。

鴉片戰爭後，隨著西方列強的侵入，西方的思想文化也大量湧入，形成「西學東漸」的局面。此時中國社會處在急劇動盪和巨大變

---

1 通常說的儒家是指崇奉孔子學說的重要學派。儒家學說內容主要是「祖述堯舜，效法文武」，崇尚「禮樂」和「仁義」，提倡「忠恕」和不偏不倚的「中庸」之道。政治上主張「德治」和「仁政」，重視倫理道德教育。戰國時儒家有八派，重要的有孟子和荀子兩派。自漢武帝罷黜百家以後，儒家為適合各個時期封建統治階級的需要，總是從孔子學說中演繹出各種應時的儒家學說。如在兩漢，有以董仲舒和劉歆為代表的今古文經學；在魏晉，有王弼、何晏以老莊思想解釋儒經的玄學；在唐代，有韓愈為排佛而宣導的儒家「道統」說；在宋明，有兼取佛道思想的朱程派和陸王派的理學；清代前期有漢學、宋學之爭，清代中葉以後有今文經學和古文經學之爭；「五四」運動前後，儒家學說隨著封建社會的沒落而日漸喪失其作為正統思想的地位。但由於它統治中國學術思想二千餘年，它的經典曾是封建統治階級的最高教條，實際上成為中國封建文化的主體，也為後代保存了豐富的民族文化遺產。

2 程朱理學，是宋代理學的主要派別。首創者二程（顥、頤），集大成者朱熹。因為他們的學說基本一致，後人稱這一派為程朱學派。斷言「理」是離開事物獨立存在的客觀實體。朱熹與陸九淵等有過關於「太極」和治學方法問題的爭論，又分別與永嘉學派（葉適等）、永康學派（陳亮等）有過關於功利、王霸等問題的爭辯。宋代以後統治者提倡程朱理學，該派曾長期保持思想上的統治地位。

化中，嚴重的民族危機和社會危機，對思想意識產生深刻的影響。尤其是鴉片戰爭慘敗，如同晴天霹靂，驚醒了埋頭故紙堆中的一部分封建知識分子。中國究竟向何處去，怎樣才能維護國家的獨立主權，成為人們特別是士大夫階層關心的問題。一些地主階級知識分子開始把注意力轉到對現實問題的研究上來。他們提倡經世致用，敢於面對現實，反對因循守舊，對社會現實不滿，要求革除弊政；主張嚴禁鴉片，抵抗外來侵略，具有強烈的愛國思想；開始瞭解外國情況，要求學習西方的軍事技術。這些就是地主階級改革派的主張。這一派的主要代表有龔自珍、林則徐、魏源、包世臣、姚瑩等人。他們的個人經歷儘管不同，思想風貌也各有特點，但基本立場和傾向卻有共同之處。他們是地主階級的思想家，仍站在封建統治者的立場上，不過對急速變化中的中國和世界有較敏銳的認識。他們也「忠君愛國」，但比一般士大夫顯得開明一些。

　　龔自珍（1792-1841），清代中葉著名的思想家、文學家。浙江仁和（今杭州）人。名鞏祚，字舍人，號定庵。出身於仕宦家庭，學務博覽。曾跟外祖父段玉裁學習文字學，一八一九年在京從劉逢祿學《公羊春秋》。一八二九年中進士，任禮部主事。一八三九年辭官南下。著作編成《龔自珍全集》。他是嘉慶、道光年間提倡「經世致用」的今文經學派的重要人物。他反對脫離實際的繁瑣考據和空談心性的宋明理學。他是名副其實的社會批判家，曾尖銳揭露清朝統治的腐朽衰敗，要求變法革新；抨擊君權神授，主張君臣共治天下；揭露吏治黑暗、官吏昏庸；揭露科舉束縛人才，八股文禁錮思想；也曾致力於邊疆史地研究，警惕沙俄侵犯我國領土，主張移民戍邊，開發西北，保衛邊疆，抵禦外侮。希望中國能出現「銀價平、物力實、人心定」的治世。在哲學上，他持「性無善無不善」之說，反對孟子的「性善」論和荀子的「性惡」論。他提出「更法」、「改圖」、「變功

令」的改革主張，強調萬事萬物都處於變化之中。他提倡「尊史」，認為一切學術都是史，探討問題應注意其發展變革。龔自珍的思想和詩作對當時和以後影響很大，梁啟超說：「晚清思想之解放，自珍確與有功焉。」

林則徐（1785-1850），字少穆，福建候官人。出身於破落地主家庭。林則徐從小勤奮好學，興趣廣泛。一八一一年中進士，先後任江蘇按察使，陝西、湖北布政使，東河道總督，兩江、湖廣、兩廣、陝甘、雲貴總督等職。他一生有三分之二的時間是在官場上度過的。他對清王朝忠心耿耿，憂國憂民，執法公正，關心人民疾苦，修河治水發展農業生產，「知民情嚮背而順導」，贏得「賢名滿天下」的聲譽，是清代道光朝庭封疆大吏中不可多得的政治家、實幹家。他曾和志同道合的朋友龔自珍、魏源、黃爵滋等在北京組織「宣南詩社」，提倡經世致用，鼓吹改革弊政，挽救民族危亡；要求廢科舉、禁鴉片、造機器、建海防。他為了維護清王朝的統治，維護中華民族的利益，堅決主張嚴厲禁煙，派赴廣州查禁鴉片，取得虎門銷煙的重大勝利。英國挑起侵華戰爭後，他利用民心、民力堅決抗擊侵略者。受誣害蒙冤被革職後，赴新疆伊犁戍邊。曾和喀喇沙爾辦事大臣全慶（全小汀）會同勘查南疆墾地六十萬畝；協助伊犁將軍布彥泰興辦水利、開闢屯田。一八四六年被重新起用，任陝甘總督，兩年後又調任雲貴總督，處理漢回互鬥案。一八四九年因病辭職返籍。次年六十六歲的林則徐再度被咸豐皇帝封為欽差大臣，去廣西督辦軍務，鎮壓拜上帝會，途中病逝於廣東潮州。遺著有《林則徐集》、《林文忠公政書》、《雲左山房文鈔》等。林則徐不僅是抗英民族英雄，偉大的愛國主義者，而且是地主階級改革派的典型代表，是首倡向西方學習，「睜眼看世界的第一人」。他派人翻譯西方書刊，編成《四洲志》，主張學習西方的軍事技術，購買西洋軍器，以抵抗外來侵略。

魏源（1794-1857），字默深，湖南邵陽人。出身於小官僚地主家庭。道光進士，曾任內閣中書。從劉逢祿學《公羊春秋》，與龔自珍同屬主張「經世致用」的今文學派。一八二二年中舉後，受江蘇布政使賀長齡之聘，輯《皇朝經世文編》，接觸大量有關時政的文獻。鴉片戰爭的慘敗對魏源的思想震動很大，憤而寫成《聖武記》、《海國圖志》等書，以激勵國人發憤圖強，學習西方，抵抗侵略。他主張「盡得西洋之長技為中國之長技」，師夷之長技目的是「制夷」。他提倡創辦民用工業，允許私人設立廠局，自行製造和銷售輪船器械，使國家富強。他斥責宋明理學為「俗學」、「庸學」；批評考據學禁錮天下聰明智慧；宣傳今勝於古的觀點，主張革新變法，「去偽、去飾、去畏難、去養癰、去營窟」，「以實事程實功，以實功程實事」。他在《默觚》中發揮「及之而後知」的認識論思想。他的歷史進化觀與要求變革的思想，成為近代中國資產階級改良思想的先驅。

龔自珍、林則徐、魏源在哲學思想上的某些觀點具有唯物主義傾向。在社會歷史觀方面，變易進化觀成為他們要求改革社會的理論依據。

龔自珍認識到人類歷史是不斷演變和進化的。古之世—今之世—後之世，「旋轉簸盪而不已」。龔自珍的「世變」思想（「世有三等」，即治世、亂世、衰世）是從劉逢祿《公羊春秋》「三世說」那裏學來的。他繼承《周易》「窮則變，變則通」的思想，指出：「自古至今，法無不改，勢無不積，事例無不變遷，風氣無不移易。」他激烈反對「拘一祖之法」，認為「一祖之法無不敝，千夫之議無不靡，與其贈來者以勁改革，孰若自改革」，一代之興都是革前代之敝，「更法」是勢所必然的。這就是他講時務、求變革的理論根據。

魏源和林則徐、龔自珍一樣，主張變法革新的理論依據，也是歷史變易的進化觀。魏源把公羊學派的「三世說」，即據亂世、昇平

世、太平世，解釋為太古、中古、和末世（「弊極之世」），這還是封
建主義的歷史循環論。不過在他看來，天地萬物和人類社會發展是不
斷演進變化著的，「三代以上，天皆不同今日之天，地皆不同今日之
地，人皆不同今日之人，物則不同今日之物」，「勢則日變而不可復者
也」，「其不變者道而已」，統治人民的辦法（「勢」）必須因時而易。
他認為，「天下無數百年不敝之法，無窮極不變之法，無不除弊而能
興利之法，無不易簡而能變通之法」。他列舉史實證明後世的法令制
度總要比古代的進步，歷史不會倒退，變化趨勢是愈來愈進步，是不
可遏止的。他說：「租庸調製變為兩稅法，兩稅法又變為一條鞭法，
變古愈盡，便民（指封建地主階級）愈甚。」制度的改革必須順應
「人情所群便」。

　　龔自珍、魏源的歷史變易觀以及經世致用之學，打破當時學術界
「萬馬齊喑」的沉悶空氣，促進思想解放，在近代哲學史上產生了深
遠影響。但是，龔自珍、魏源畢竟是封建地主階級的思想家，他們的
歷史觀從整體上看仍是唯心主義的。如他們所說的「勢」，只是指歷
史進化的趨勢和統治人民的辦法，並不是指歷史發展的客觀規律；他
們所說的「民」，也只是指封建地主階級，並不是指人民群眾；他們
所說的「體」和「道」，是指封建制度和封建倫理綱常。這表明，他
們只是要求在不改變封建統治的基礎上進行枝節的改革。

三　資產階級改良派的進化史觀

　　十九世紀下半期，法國、日本先後發動侵華戰爭，民族危機日趨
嚴重。同時，民族資本主義經濟在洋務運動後期產生了，西方自然科
學和社會政治學說也開始介紹到中國來。在這種情勢下，早期維新思

想家王韜[3]、薛福成[4]、馬建忠[5]、鄭觀應[6]等人,極力鼓吹變法,批判封建守舊思想,以適應客觀形勢的變化。他們認為,鴉片戰爭後,外國侵略勢力接踵而來,外患日亟,為「古今之變局,天地之變局」。面臨這種形勢,如果仍以「天朝上國」自居,把外國視為「無非藩屬,悉我僕臣」,是「誠不知古今之情勢」的陳腐觀念。

早期維新思想家的這種變局觀,也以歷史變易的進化論為依據。他們反對頑固守舊派奉行的「天不變道亦不變」的觀念,贊同《周易》「窮則變、變則通」的觀點,認為社會歷史是進化的。王韜在《歲月文錄外偏》一書中說:「三代以來,至秦而一變;漢唐以來,

---

3　王韜(1828-1897),清末改良派政論家。字紫詮,號仲弢,江蘇長洲人。秀才出身。曾在上海英國教會辦的墨海書館工作十二年。後遊學英、法、俄等國。一八七四年在香港主編《迴圈日報》,評論時政,主張變法自強。代表作《弢園文錄外編》。

4　薛福成(1838-1894),清末外交官、改良派政論家。號庸庵,江蘇無錫人。先充任曾國藩幕僚,後隨李鴻章辦外交。一八七九年撰《籌洋芻議》,提出變法主張。一八八九年出使英、法、比、意四國。他稱讚西方的君主立憲制度「無君主、民主偏重之弊,最為斟酌得中」。認為資本主義國家「以工商立國」,「工實居商之先」;但又認為西人恃商為命脈,商「握四民之綱」。認為人口的迅速增加是造成人民貧困的原因,歐洲人口密度高,因「能濬其生財之源」,雖人滿亦富。主張用機器「殖財養民」,強調「工商之業不振,則中國終不可以富,不可以強」。著作有《庸庵全集》。

5　馬建忠(1845-1900),清末語言學家、早期改良派。字眉叔,江辦丹徒人。一八七六年派赴法國留學並任清使館翻譯,回國後幫李鴻章辦洋務。撰《適可齋紀言紀行》,主張廢除釐金,調整進出口稅率,振興工商業。精通英語、法語及希臘語、拉丁語。所著《馬氏文通》是中國第一部全面系統的語法專著。

6　鄭觀應(1842-1921),早期改良派。字正翔,廣東香山人。曾任英商寶順、太古洋行買辦,歷任上海機器織佈局總辦、輪船招商局會辦、漢陽鐵廠和粵漢鐵路公司總辦。創辦過貿易、航運等企業。提出「主以中學、輔以西學」的學習西方的原則。主張「設議院」。認為「外洋以商立國」,「借商以強國,借兵以衛國」,提出以兵戰對兵戰,以商戰對商戰的對策。強調「商賈具生財之大道,而握四民之綱」。指出「論商務之源,以製造為急,而製造之法,以機器為先」,強調發展機器製造工業。他說,官「朘削」、「過抑」商是中國商務不能振興的根本原因,提出保護關稅、海關不用洋人、裁撤釐金、允許商人自由投資、商人修鐵路由國家保付利息、商人可舉為議員等保商措施。代表作《盛世危言》。

至今而又一變。」薛福成也在《籌洋芻議》書中說：「天道數百年小變，數千年大變」，「洪荒之天下，一變為文明之天下」，「封建之天下，一變為郡縣之天下」，「華夷隔絕之天下，一變為中外聯屬之天下」。這種變化，不是因為人們好變，而是「時勢為之」，因時制宜而已。既然世道是變的、進化的，因而治理的辦法就要跟著變，「世變小，則治世法因之小變；世變大，則治世法因之大變」。這都為他們的變法主張提供了理論依據。

早期維新思想家的歷史變易觀也有局限性。他們的變易思想仍然是傳統的，對龔自珍、魏源的思想是繼承，但沒有什麼新的發展。他們主張變，但是只變器不變道，也就是說，封建秩序和倫理綱常不能變。

中日甲午戰爭後，資產階級維新思潮發展成為戊戌變法政治運動。資產階級維新派的進化歷史觀，有了新的發展，已不再拘泥於傳統的變易思想了。

康有為寫了〈變則通通則久論〉一文，反對泥古不變，闡說當變不變的危害。他還在〈上濤帝第六書〉一文中把今文經學的「公羊三世說」和西方資產階級的進化論揉合在一起，提出自己新的變化發展的觀點。他認為，宇宙間沒有永遠不變的事物，「變」是一切事物發展的普遍規律，「物新則壯，舊則老；新則鮮，舊則腐；新則活，舊則板；新則通，舊則滯，物之理也」。康有為將人類社會的進化過程分為「據亂世」、「昇平世」、「太平世」三個階段。春秋末年，禮崩樂壞，天下大亂，為「據亂世」；兩千多年的封建專制社會為「昇平世」；通過變法維新，實行君主立憲的資本主義制度，是「太平世」。這三世圖景，說明人類社會是進化的，愈變愈進步。他用這種新勝舊的進化觀點去觀察自然界和社會歷史，直接否定「天不變，道亦不變」的觀念。

　　與康有為不同，嚴復則搬用西方的生物進化論，別開生面。系統
介紹西方的進化論，是從嚴復開始的。一八九五年，嚴復在〈原強〉
中介紹達爾文的進化論。達爾文是十九世紀英國的博物家，進化論科
學基礎的奠基人。他所著的《物種起源》影響很大，「自其書出，歐
美二洲，幾乎家家有其書，而泰西之學術政教，一時斐變」。達爾文
的朋友赫胥黎發展了進化論學說，他的主要著作之一是《進化論與倫
理學》。嚴復翻譯前兩章，命名《天演論》，一八九八年出版。

　　赫胥黎的基本觀點是，生物是進化的，不是自古不變的。進化的
表現，一曰「物競」，二曰「天擇」。所謂「天擇」，就是自然選擇
（自然淘汰）。演化的結果是「弱肉強食」，「優勝劣敗」，「適者生
存」。這樣，「一爭一擇，而變化之事出矣」。嚴復接受了赫胥黎的觀
點，他認為封建思想講「常」，西方進化論則講「變」，這是根本對立
的觀點。「天地不變」是一派胡言。在嚴復看來，西方世界是一大競
爭場，在競爭中，誰最強有力，誰就是優勝者，就能生存，否則就滅
亡。在生存競爭、弱肉強食的世界中，中國處在將被瓜分豆剖、亡國
滅種的關鍵時刻。嚴復翻譯《天演論》，闡述進化論的觀點，其目的
就是要敲響「救亡圖存」的警鐘，希望中國發憤變法自強，這對知識
界起了極大的震警覺醒作用。進化論的傳播，對傳統儒學也是一次嚴
峻的挑戰，在中國哲學史上具有重大的意義。

　　譚嗣同寫了《仁學》，闡發「新之又新」的哲學命題，概括客觀
事物不斷運動變化的「日新」概念，具有唯物辯證法因素。他說：
「天不新，何以生？地不新，何以運行？日月不新，何以光明？四時
不新，何以寒暑發斂之迭更？血氣不新，經絡者絕矣！」譚嗣同還發
揮「道」不離「器」的學說，說「器既變，道安得獨不變？意思是說
客觀歷史條件已經變化，政治制度也必須跟著變化，即君主專制必須
改變為君主立憲。

　　但是，康有為、嚴復、譚嗣同都不是歷史唯物論者。他們不懂得階級鬥爭的決定性作用，不懂得歷史的主人是人民群眾，他們的進化論仍然是庸俗進化論。他們只承認社會進化循序漸進，只承認量變、漸變，否定飛躍和質變，這也是中國資產階級軟弱性的表現。

四　孫中山的進化論和民生史觀

　　孫中山從西方學來了進化論，同樣推崇達爾文的學說。他認為《物種起源》一書是劃時代的著作，自該書出版之後，「世界思想為之一變，從此各種學術皆依歸於進化矣」。但孫中山的進化論同維新派反對革命的庸俗進化論是相對立的。他認為事物的新陳代謝、除舊布新，是不可抗拒的客觀規律。因此，人類社會的文明進步和政治制度的變革，也是不可避免的歷史發展趨勢，也就是說民主革命是歷史的必然。孫中山反對維新派鼓吹的只能「循序漸進」，不能飛躍、突變，只能改良不能革命的謬論。他認為文明進化總是不斷從低級向高級發展。他把世界的發展分為「物質進化」、「物種進化」、「人類進化」三個時期。他說人類是長期進化的產物，人類社會經過「洪荒」、「神權」、「君權」、「民權」四個時代的更替。既然人類社會不斷前進，人們也要順應歷史發展的趨勢，投入到改造中國的資產階級民主革命洪流中去。他以積極進取的進化觀預見到「後來居上」的歷史前景。早在一九〇五年，他就預言中國歷史的發展將會出現一個大的躍進，在未來的幾十年時間內，必將趕上和超過日本、英國、美國等資本主義國家。

　　在解釋社會歷史發展的決定因素時，孫中山在〈三民主義〉一文中指出：「人類求解決生存的問題，才是社會進化的定律，才是歷史的重心。」人類求生存問題就是民生問題，「民生問題才可以說是社

會進化的原動力」。民生史觀表現出孫中山對人民生存的重視，並試圖從社會經濟生活中去尋找社會進化的動因，頗具唯物主義傾向。但是，民生史觀的「民生」是指「人民的生活、社會的生存、國民的生計、群眾的生命」。這一概念是空泛含糊的，既指社會經濟生活，又指人們對生活的要求，帶有明顯的二元論的色彩。民生史觀脫離了具體的社會經濟形態和階級關係來探求社會發展的動力，抽象地把社會歷史的發展歸結為人類求生存的努力，否認物質資料的生產方式是社會發展的決定因素，否定階級鬥爭是階級社會發展的直接動力，從而陷入了歷史唯心主義。毛澤東先生也指出：「三民主義的宇宙觀則是所謂民生史觀，實質上是二元論或唯心論。」

孫中山的進化論和民生史觀，儘管存在著唯心論和形而上學的缺陷，但是他始終站在時代潮流的前面，看到爭取國家獨立、民族解放的鬥爭是二十世紀不可抗拒的歷史潮流。顯然，孫中山的哲學思想比他的前輩更富有時代色彩，更具有批判精神。

第二章
史地學

一　史地研究的新發展

　　鴉片戰爭以後，中國的閉關局面被打破，要求瞭解西方、學習西方的思潮在發展，從而引發對外國歷史的介紹和論述，突破傳統史學的狹隘性，開拓了史學研究的領域。歷史學和地理學開始擺脫乾隆、嘉慶時期繁瑣考據的影響，在龔自珍、魏源等公羊學派講究實際和林則徐瞭解外國的影響下，外國史地和中外關係史的研究逐漸引起人們的關注，從而推動了史地研究的新發展。《四洲志》、《海國圖志》、《瀛環志略》……都是敘述外國史地的書籍。林則徐在廣州禁煙時，欲「知己知彼」，瞭解西方各國情況，指派幕僚翻譯英人慕瑞的《世界地理大全》，經親自潤色編輯而成《四洲志》。此書按照世界五大洲分別介紹三十多個國家的歷史、地理和社會政治現狀，是一卷系統的世界地理志。對當時閉關自守、封建落後的中國，確實起了促使知識界睜眼看世界的作用。後來，魏源受林則徐囑託，在《四洲志》的基礎上擴充補編成《海國圖志》。除介紹各國史地之外，還介紹外國軍事和日用的科學技術，是瞭解和學習西方的一部「百科全書」。《海國圖志》一八四二年刻本只有五十卷，一八四七年增訂為六十卷，一八五二年又擴編至一百卷。書中提出「師夷之長技以制夷」的重要思想，還總結鴉片戰爭的經驗教訓，探求富國強兵、抵禦外侮之道，主張學習西方科學技術，避敵之所長，攻敵之所短，誘敵深入，堵截殲滅；並熱情歌頌三元裏人民抗英鬥爭，譴責投降派、頑固派的昏憒賣

國。《海國圖志》不僅在國內產生極大影響，而且隨後傳入日本，對
日本的學術和政治也產生過一定影響。《海國圖志》在中國史地學史
上佔有重要地位，在先進的中國人向西方學習的坎坷征途上，真正起
到「前驅先路」的作用。魏源還以史為鑒，著有《聖武記》十四卷，
一八四二年刊印，經再三修訂後一八四六年重印。一八七八年（光緒
四年），上海申報館排印本又增入《道光洋艦征撫記》上下兩篇。[1]
《聖武記》記述清朝開國至道光年間重大軍事活動，頌揚盛世武功，
其意在探求盛衰之理、籌畫海防之策及練兵籌餉之道，以激勵道光帝
發憤圖強、振興武備。魏源認為，清朝政府若能以彼長技御彼長技，
官無不材，境無廢令，則「何患於四夷，何憂乎禦侮」！他首次大膽
提出「盡得外國之長技為中國之長技」的主張。《瀛環志略》是福建
巡撫徐繼畬所著。徐繼畬，一七九五年生，字健男，山西五臺人。道
光進士。前半生在福建、廣東任職，與外人接觸甚多，是通曉外事的
官員，也是抗英鬥爭很堅決的官員。一八四三年在廈門向美國傳教士
雅裨理借摹「繪刻極細」的世界地圖冊。一八四二年受命於道光帝開
始撮錄中外有關圖書資料，撰寫《瀛環志略》，一八四八年成書，在
福州刻版問世。共十卷，有圖四十四幅。先敘地球中心，後敘四大洲
各國，尤其是東南亞各國風土人情、史地沿革及社會變遷，均有詳有
略地敘述，並常有按語表述自己的獨特見解。字裏行間流露出只有變
革才能富強的愛國思想，表達出對西方國家的讚美之辭。這是一部介
紹西方歷史、地理的書。因內容較為精審謹嚴，所附地圖比較準確，
出版後風行日本，被看作是認識世界的指南。它和魏源的《海國圖
志》，對日本明治維新起了推動作用。在中國，該書同治五年才由總

1　《道光洋艦征撫記》，專記鴉片戰爭始末，讚揚反侵略鬥爭，揭露投降派的昏潰腐
　　敗，是有關鴉片戰爭的歷史名著之一。

理衙門刻印成書。它宣傳的西方民主思想、變革思想、宗教思想、經濟思想，對後來的洋務派和維新人士均有一定的啟迪和影響。

　　鴉片戰爭的失敗，激發了許多學者記述這次戰爭，以喚醒人們抵抗外來侵略的意志。梁廷枏的《夷氛聞記》、夏燮的《中西紀事》、魏源的《道光洋艦征撫記》都屬於這類論著。梁廷枏（1796-1861），清代文學家。廣東順德人。學問廣博，特別專注西方國家政治歷史狀況的研究。曾讚助林則徐，並參與禁煙運動，支持廣州人民反英人入城鬥爭。著有《海國四說》、《粵海關志》、《藤花亭詩文集》。他編著的《夷氛聞記》五卷，一八四九年至一八五三年成書。記述英國鴉片走私和鴉片戰爭的經過，起自道光初年禁煙，迄於一八四九年廣州人民反英人入城鬥爭。讚揚林則徐、鄧廷楨的抗英業績，揭露琦善、奕山、奕經的賣國行徑，對廣州人民的反侵略鬥爭，也有較翔實的記載。此書所記粵事頗多親歷，敘述簡賅直筆，是研究鴉片戰爭的重要參考資料。夏燮著《中西紀事》，初稿成於一八五〇年，一八五九年刻本十六卷，一八六五年增訂為二十四卷。作者據當時公文檔冊、奏稿函劄、條約章程、新聞報刊等資料，整理自五口通商至一八六一年咸豐末年中外關係的史事，揭露英、法、俄、美的侵華罪行，歌頌中國人民的英勇抗爭，對清政府的妥協投降也多有貶詞。刊行時，懼遭時諱，不署真名，題「江上蹇叟撰」。不久被毀版，至一八七一年重刊，始得廣泛流傳。此書所知內幕較少，記敘也不如《夷氛聞記》翔實，然所據各書今已多不可見，故仍有參考價值。

　　這一時期，地主階級經世派為了總結經驗教訓，抵禦外侮，尋求富國強兵之道，對於邊疆問題的研究也形成一種新風氣。清代疆域廣闊，蒙古、西藏、新疆都入版圖；同時，乾隆、嘉慶年間考據學興旺發達，有些學者運用考據方法研究邊疆史地，於是產生了祁韻士的《皇朝藩部要略》、《西陲要略》和張穆的《蒙古游牧記》這一類有價

值的著述。張穆（1805-1849），字誦風，山西平定人。道光十一年取
優貢，十九年應順天鄉試，因挾帶摘寫子書和〈離騷〉詩句，被搜檢
斥退，從此絕志功名，居北京授徒。他對兵制、農政、水利、錢法皆
究其原委。曾替抵抗派官吏陳慶鏞草擬奏穆彰阿疏稿，有名於時。由
於複審祁韻士《皇朝藩部要略》受到啟發，乃取《清會典》、《一統
志》為藍本，旁採各書，撰寫《蒙古游牧記》。探討蒙古的界域和前
代在這一地區的設施，考訂精詳，足補遼、金史書的缺陷，是一部研
究蒙古歷史地理的重要參考書。張穆去世時《蒙古游牧記》尚未完
稿，由另一史地學者何秋濤代為校補付印，成書十六卷。此書與《皇
朝藩部要略》互為表裏，《皇朝藩部要略》為編年史，《蒙古游牧記》
則為地方志。這兩部書首創性地研究邊疆史地，從而開闢了後人研究
西北史地的途徑，導致晚清研究以蒙古為中心的元史的高潮。何秋濤
（1842-1862），字願船，福建光澤人。道光進士。歷任刑部主事、員
外郎。曾主講保定蓮池書院。在外患日深的情況下，他關注俄中邊界
問題，曾搜集資料撰《北徼彙編》六卷，後增至八十卷並附圖。記述
自漢、晉至清道光時期蒙古、新疆和東北地區的歷史、地理，還研究
中俄關係問題。咸豐帝閱後，賜名《朔方備乘》。姚瑩（1785-
1853），字石甫，安徽桐城人。嘉慶進士。鴉片戰爭期間任臺灣道，
會同總兵達洪阿，率軍抵抗侵臺英軍。《南京條約》簽訂後，被投降
派貶官四川。鴉片戰爭前後，他注意世界大勢，尋求抵抗外來侵略之
策。曾著文縱論時事，指陳得失，對英、法、俄等國情況，印度、尼
泊爾入藏交通要道，以及喇嘛教、天主教等問題進行研討。所著《康
輶紀行》，著重考察西藏地區，警惕英國侵藏野心，建議清政府加強
沿海與邊疆防務，以抗禦外來侵略。

　　這些著作都有不可避免的局限性，帶有大漢族主義色彩，資料也
沒有經過考證核實。而且，鴉片戰爭時期的史地著作，在有些重大問

題上還存在著原則分歧。首先，對中國人民在戰爭中的地位作用的看法有分歧。梁廷枏在《夷氛聞記》中，憤怒揭露琦善等投降派的賣國罪行，熱情表彰抵抗派首領林則徐、鄧廷楨等人，讚揚人民群眾，特別是三元裏人民的抗英鬥爭，使得「夷自是始知粵人之不可犯」。魏源在《海國圖志》中對三元裏人民圍炮臺、殲洋兵，沿海人民在虎門焚燒英國兵船，寫得有聲有色。指出，閩、粵人民的鬥爭，是威懾外國侵略者的力量。當時參與辦理對英交涉、署理過廣東巡撫的黃恩彤撰寫的《道光撫遠記略》則不同。他在該書中無恥吹捧投降派的「功績」，極力為投降派辯護。對一切愛國的主張、抵抗侵略的官兵和人民，則肆意加以抵毀；特別是惡毒攻擊廣東人民群眾，說什麼「粵民見利忘義，剽悍輕浮，難與爭鋒，亦難以持久，必不可倚以為用」。黃恩彤本人就是投降路線的積極支持者。梁廷枏、魏源和黃恩彤這兩種觀點的對立，表現出鴉片戰爭時期抵抗派和投降派兩種觀點、兩條路線的對立和鬥爭。其次，在對西方的科學技術應當採取什麼態度的問題上，也存在著分歧。魏源認為中國要富國強兵，很重要的一條就是要「盡得西洋之長技為中國之長技」。梁廷枏在《夷氛聞記》中反對這種主張，他不顧中國失敗的事實，吹噓清朝的統治是處在「全盛之日」。認為推崇西方國家的知識，又請外國人作教習，喪失國體，沒有比這更嚴重的了。「反求勝夷之道於夷」，「古今無是理」。魏源「師夷之長技以制夷」的思想主張，顯然是進步的；梁廷枏的觀點只是替清王朝粉飾太平，阻礙中國的進步。其實，一切國家民族的真正好的東西都應該學習，外國有的中國也要有，不論什麼時候這都是正確的。

一八六〇年英法聯軍之役後，一八六四年太平天國國破主亡，清王朝進入所謂「同治中興時期」。這時期有關記敘太平天國史的著作

大量湧現，如王闓運[2]的《湘軍志》、王定安的《湘軍記》、錢劬的
《吳中平寇記》，還有夏燮的《粵氛紀事》等，較早並且系統地記敘
了這段歷史。

二　西學的傳播與史地研究

近代中國從嚴復開始廣泛傳介西方資產階級各種社會學說，從此
中國知識界對西學才有較多的瞭解。嚴復和林紓兩人雖都是以翻譯西
方學術文化名著而著名的學者，但卻有很大的不同：嚴復通外文，能
直譯，林紓不通外文，只能根據他人口述譯成中文；嚴復譯的是哲學
社會科學，林紓譯的是文藝小說。因此，嚴復被尊為「譯界太祖」，
而林紓在譯界卻地位不高。《清史稿》以林紓為主，以嚴復為副，把
兩人的歷史地位弄顛倒了。如果說嚴復是用中文譯入西洋近代學術著
作的，那麼辜鴻銘[3]則正相反，他是用西文譯出中國古代學術著作
的。他用西文譯《四書》，還用英文草擬《尊王篇》，西洋人就從他那
裏瞭解中國學術。嚴復在中國起的是積極作用，辜鴻銘在西洋起的是
消極作用。

西方資產階級學術文化正式傳入中國，始於清末，盛於民國時
代。哲學、社會科學、文藝等等，應有盡有，方興未艾。二十世紀最

2　王闓運（1833-1916），清末學者、文學家。字壬秋，湖南湘潭人。咸豐舉人。太平
　　軍起義時，曾入曾國藩幕。後講學四川、湖南、江西等地。辛亥革命後任清史館館
　　長。治《詩》、《禮》、《春秋》，他的詩文模擬漢魏六朝。所著除《經子箋注》外，
　　有《湘軍志》、《湘綺樓日記》。

3　辜鴻銘（1856-1928），名湯生，福建同安人。留學英、法、德等國，精通數國語
　　文。曾經是張之洞幕僚，任外務部左丞。辛亥革命後在北京大學任教。政治態度極
　　為保守，推崇孔子學說，宣揚封建思想，反對新文化。著有《讀易堂文集》等。又
　　向西方譯介儒家經籍，撰有《春秋大義》，並有《論語》、《中庸》等譯本。

初十年，留日學生從日本轉譯過來大量政治學說和文學作品，其中關於法國革命學說的有盧梭的《民約論》、孟德斯鳩的《萬法精理》，關於英國資產階級政治理論的有約翰‧穆勒的《自由原理》。天賦人權說和資產階級共和國方案，成為資產階級民主革命派反對封建政體的理論根據。這時期，小資產階級知識分子熱心從西方介紹形形色色的學說，形成了薰蕕並茂、五色雜陳的局面。其中有無政府主義者克魯泡特金[4]的著作，也有西方資產階級改良主義者亨利‧喬治[5]的單一稅學說。至於馬克思主義的重要著作如《共產黨宣言》、《家庭私有制和國家的起源》，雖有片斷譯介，但還沒有在中國知識界引起明顯的反響。資產階級革命宣傳家朱執信[6]曾片斷地介紹過馬克思《資本論》中的剩餘價值學說。

　　西北史地的研究，在光緒中葉很為興盛，提倡者是國子監祭酒清宗室盛昱（1850-1900）和李文田（1843-1895）。李文田，廣東順德

4　克魯泡特金（1842-1921），俄國無政府主義者、地理學家。出身貴族家庭。曾從事地理和地質的考察工作。一八六七年返彼得堡，參加俄國地理學會。一八七二年在瑞士加入第一國際，屬巴枯寧派。後回國，因參加民粹派活動於一八七四年被捕。一八七六年逃亡國外，積極從事無政府主義的宣傳活動。主張消滅私有制，廢除一切國家，建立「無政府」社會，反對無產階級專政。二月革命後回國，對十月革命抱敵對態度。死前開始認識十月革命的歷史意義。著有《亞洲山嶽志》等。

5　亨利‧喬治（1839-1897），美國資產階級庸俗經濟學家、政論家。認為社會文化愈發展，人民貧困愈加深，因為社會進步所產生的利益全為地主所佔有。極力鼓吹「土地改革運動」，主張土地單一稅，由資產階級國家把土地收歸國有，把地租變成交給國家的賦稅，資本主義的一切弊端就會自行消滅。喬治曾企圖控制美國工人運動，並把它導向資產階級改良的道路，被馬克思指為「騙子」。著有《進步和貧窮》、《什麼是單一稅和我們為什麼實行單一稅？》。

6　朱執信（1885-1920），近代民主革命家、理論家。名大符，廣東番禺人。一九〇五年赴日本留學，參加同盟會。為《民報》撰文，與改良派論戰。一九一〇年發動廣州新軍起義，次年參加黃花崗之役。後參加中華革命黨，策動反袁鬥爭。「五四」運動後，在上海辦《建設》雜誌。積極擁護孫中山，堅持革命。著有《朱執信集》。

人,他和洪鈞[7]、文廷式（1856-1904，江西萍鄉人）等都是翰林文人,研究風尚一般限於史科秘本的傳鈔箋注,缺乏實際調查,地理考證往往流於臆測,沒有發揮張穆、何秋濤講究實際的研究精神。洪鈞用波斯、阿拉伯、俄、法、英、德及土耳其諸國史料,研究蒙史,譯注西域史料,寫成《元史譯文證補》三十卷,為蒙史研究開一新紀元。李文田著有《元朝秘史注》,王先謙[8]著有《漢書補注》。

十九世紀八〇年代以後,外國資產階級史學逐漸傳入中國,編譯外國史學著作在內容和體裁上有代表性的如:通史類有《萬國史記》,古代史有《歐洲紀略》,近代史有《泰西新史攬要》。十九世紀末,史學研究有新的發展。戊戌時期的維新派,相當重視研究和介紹外國歷史。王韜、康有為、黃遵憲等接觸到一些西方資產階級思想後,編寫一批史著為他們的政治改良服務。王韜編有《法國志略》和《普法戰記》。康有為在維新運動中連續寫了《突厥（土耳其）削弱記》和《波蘭分滅記》,促使國人警惕敵人的瓜分陰謀。他以《法國革命記》警告統治者,以《日本明治變政考》和《俄羅斯大彼得變政記》,宣傳學習日、俄變法維新的主張。黃遵憲於一八八七年著成《日本國志》,詳細介紹日本一八六八年明治維新的歷史,希望清政府能根據日本的經驗進行變法,曾引起士人的注意。

資產階級學者對譯介外國近代史學理論也很重視。一九〇二年,

7　洪鈞（1839-1893）,清末史學家。字陶士,江蘇吳縣人。同治進士。官至兵部左侍郎,曾任出使俄、德、奧和荷蘭四國大臣。在國外接觸到波斯人拉施特哀丁的《集史》及多桑的蒙古史著作,他採用西方的資料補證元史,對元史的研究頗有貢獻。

8　王先謙（1842-1917）,字益吾,湖南長沙人。曾任國子監祭酒、江蘇學政、湖南嶽麓、城南書院院長。戊戌變法時期,勾結劣伸葉德輝破壞維新運動。此後又反對資產階級革命。曾羅致文人從事古籍和歷史文獻的編校刊印工作。校刻有《皇清經解續編》,編有《十朝東華錄》、《漢書補注》、《後漢書集解》、《荀子集解》、《莊子集解》,還著有《虛受堂文集》。

汪榮寶在《譯書彙編》上編譯〈史學概論〉；日本史學家浮田石的
《史學原論》，一九〇二年後增至六種中譯本。

十九世紀末，中國在古代文化史的研究上有兩處具有重大價值的
發現：一是河南安陽出土的殷商甲骨文；一是敦煌莫高窟的古代經
卷。甲骨文早已出現，但不被重視。金石學家王懿榮（1845-1900），
山東福山人。光緒進士，國子監祭酒。著有《古泉選》、《漢石存
目》、《福山金石志》。他一八八九年去藥店買藥時發現龍骨，認出係
甲骨文。此後，人們大力搜購，拓印，進行研究。同一年又有人在敦
煌發現宋朝僧人封存在莫高窟內的經卷、書籍等歷史文物。這些都是
研究古代史和古代文化史的珍貴資料。

由於甲骨文的新發現以及達官貴人對碑版彝器的貪求無厭，題跋
考釋一時成為文人的風尚，金石學的地位逐漸提高。但大多數人只講
鑒別以定真偽高低，少數人如王懿榮、吳大澂[9]考釋比較精審，繼承
了顧炎武[10]、錢大昕[11]考據學的樸實傳統。吳大澂曾搜集鍾鼎、璽

9　吳大澂（1835-1902），清末金石學家、文字學家。字清卿，江蘇吳縣人。同治進
　　士。官至湖南巡撫。精通並搜集鍾鼎、璽印、陶器、貨幣等文字，撰寫《說文古籀
　　補》，是古文字學的重要著作。並撰《字說》，考釋文字，頗有創見。以古物印證歷
　　代權衡度量制度，寫成《權衡度量實驗考》，另著有《古玉圖考》等書。

10　顧炎武（1613-1682），明清思想家、學者。字寧人，號亭林先生，江蘇崑山人。少
　　時參加復社反宦官權貴的鬥爭。後參加當地人民抗清起義，失敗後遍遊華北，訪風
　　俗，搜集材料，致力於邊防和西北地理的研究。墾荒種地，糾合同道，不忘興復。
　　學問淵博。晚年治經側重考證，開清代樸學風氣，對後來考據學中的吳派、皖派都
　　有影響。在哲學上，反對空談「心、理、性、命」，提倡「經世致用」的實際學
　　問。提出「舍經學無理學」的命題。在文學上，要求作品為「經術政理」服務。所
　　寫詩篇多傷時感事之作。在音韻學方面，考訂古音，離析《唐韻》，分古韻為十
　　部。在闡明音學源流和分析古韻部目上，有承前啟後之功。著有《日知錄》、《音學
　　五書》、《韻補正》等六種。

11　錢大昕（1728-1804），清代學者。字曉徵，江蘇嘉定人。乾隆進士。曾在鍾山、紫
　　陽等書院講學。治學頗廣，於音韻訓詁尤多創見。在史學上，長於校勘考訂，撰有

印、陶器、貨幣上的文字，撰有《說文古籀補》，是古文字學的重要
著作；又集錄所藏名家彝器銘文拓本，寫成《書齋集古錄》；以古物
考證歷代權衡度量制度寫成《權衡度量實驗考》。他們對金石、甲骨
文的研究有一定成就，但只限在小範圍裏，沒有對古文字、古史研究
產生革命性的影響。

三　曹廷傑和東北史地研究

　　曹廷傑（1850-1926），湖北枝江人。一八八三年以候選州判在吉
林任職，次年督辦邊務。光緒十一年奉令去伯力一帶察探邊情，歷經
艱辛，往返一點六萬餘里。以親身見聞並徵引群書，闡明黑龍江北
岸、烏蘇里江東岸歷代均為中國領土。清末民初，在研究東北史地的
學者中，曹廷傑在「精通吉林掌故方面是首屈一指的史學家」。特別是
對奴兒幹永寧寺碑文的拓取和研究，為「震驚學術界」的一大貢獻。

　　甲午戰爭前，愛國和抗俄是曹廷傑思想的主流。《璦琿條約》和
《北京條約》簽訂後，他痛心祖國山河的喪失，投入邊疆史地的研
究，利用「公餘暇日」，「躬親調查」，「手不釋卷」，「薈萃群書」，一
八八四到一八八五年將所搜得的資料編成《古跡考》、《東北邊防輯
要》初稿。《古跡考》是周遊東北各地、實地勘查的考古成果彙集，
後來收入《東三省輿地圖說》一書。《東北邊防輯要》是對東北古代
戰守險要、邊界沿革等文獻的匯輯。這部書的寫作，受何秋濤《朔方
備乘》影響很大。他在《朔方備乘》的基礎上，結合新形勢，對東北
邊疆防務重新進行深入探討，以適應抗俄鬥爭的需要。《東北邊防輯

　　《廿二史考異》；又重修元史，補《藝文志》、《氏族表》，並以所得資料，撰成《元
詩紀事》，還著有《潛篋堂金石文跋尾》、《恒言錄》等。

要》為當時抗俄鬥爭提供許多可供借鑒的經驗，並對如何加強邊防提出一些「有裨實用」的建議。該書以大量資料詳盡地闡述明清兩代東北疆域及其管轄情況，論證黑龍江流域自古以來就是中國領土的一部分。在追述沙俄侵略黑龍江流域的歷史後，對未來抗俄邊事部署提出具體建議。該書第一次提出以永寧寺碑作為研究東北邊防沿革的重要依據。

一八八五年五月，曹廷傑因曾協助繪製三姓地圖、東三省輿地險要圖，被派往黑龍江、烏蘇里江調查沙俄侵略活動。返回吉林後，即將所見所聞逐一筆錄，共得一百一十八條，匯成《西北利東偏紀要》一書，並親繪〈廟爾圖〉、〈伯利圖〉等七幅地圖。

《西北利東偏紀要》可以說是《東北邊防輯要》的續篇，但《東北邊防輯要》偏重於歷史文獻的搜集研究，《西北利東偏紀要》則著重於對現實的調查分析，學術觀點上有獨到的見解，是一部重要著作。一八八六年六月，曹廷傑進京面陳俄情，並提出《條陳十六事》，進一步系統地闡述其防俄抗俄的思想，主張只有軍事上增強兵備，經濟上開發邊疆，外交上阻俄擴張，政治上穩定內政，而後始可抗俄。曹廷傑既是東北史地學者，又是一位富有愛國熱情的政治家。他的論著在邊疆史地研究中作出重要貢獻。

四　梁啟超、章太炎、王國維的史學觀點

梁啟超（1873-1929），字卓如，號任公，又號飲冰室主人。廣東新會人。舉人出身。一八九○年起從學於康有為，並協助變法理論的著述和編校工作。一八九五年在北京和康有為一起發動「公車上書」。同年參加強學會，任書記員。他先是《中外紀聞》的撰稿人，後任上海《時務報》總編輯。曾發表《變法通議》，針鋒相對地駁斥

封建頑固派的謬論，宣傳變法維新思想，成為康有為的得力助手。一八九七年十月，任長沙時務學堂總教習，制定《湖南時務學堂學約》十章。因宣傳資產階級民權思想，遭到王先謙、葉德輝的攻擊。戊戌政變後逃亡日本，欲和孫中山聯合，因康有為阻止未成。旋在橫濱創辦《清議報》。一九〇二年二月創辦《新民叢報》，介紹西方政治學說和自然科學。一九〇五年八月以後，以《新民叢報》為陣地，與資產階級革命派的《民報》展開論戰。一九〇七年在東京組織政聞社，為清政府的預備立憲搖旗吶喊。一九一一年夏，皇族內閣成立後，他對革命派的反清鬥爭給予同情，對清王朝的腐敗黑暗給予尖銳批判。一九一三年初回國，出任共和黨黨魁。五月，又組成進步黨，擁護袁世凱，出任司法總長。一九一五年袁世凱稱帝，他反對變更共和國體，策動蔡鍔組織護國軍反袁。「五四」時期，反對尊孔復古，批判封建文化，謳歌民主與科學。一九二〇年，支持張東蓀與馬克思主義者論戰，反對馬克思主義在中國傳播。曾宣導文體改良的「詩界革命」和「小說界革命」，開白話文風氣之先。所作論文，通俗易懂，流暢奔放，筆鋒恆帶感情。晚年在清華學校講學。他學識淵博，論著宏富，涉及政治、經濟、哲學、歷史、新聞、文化藝術、語言等，淹貫經史，參駁古今，系統完整，自成一家之言。其著作編為《飲冰室合集》。

　　二十世紀初年，梁啟超提出與封建史學相對抗的資產階級史學觀點，主張以進化論的觀點編寫歷史，並響亮地提出「史學革命」的口號，提出建立資產階級「新史學」的主張。梁啟超苦心撰寫的《中國史敘論》、《新史學》、《中國史界革命案》等著作，標誌著「史學革命」的開端。他批判封建舊史學時指出：舊史書都是一些帝王的家譜、一些本紀列傳的彙編和歷史事實的堆砌，不能說明社會進化和歷史事件的因果關係。中國的封建史學有「四弊二病」，即「知有朝廷

而不知有國家」，「知有個人而不知有群體」，「知有陳跡而不知有今
務」，「知有事實而不知有理想」，「能鋪敘而不能別裁」，「能因襲而不
能創作」。他說：「歷史者，敘述人群之進化現象，而求得公理公例者
也」，「前者史家不過記載事實，近世史學必說明其事實之關係與其原
因結果；前者史家不過記述人間一二有權力者興亡降替，雖名為國
史，不過一人一家之譜牒，近世史家必探察人間全體之運動進步，即
國民全部之經歷及其相互之關係。」因之，要著重種族、地理、文化
等，而不是一姓的興衰、英雄的成敗。他還說：「善為史者，以人物
為歷史之材料，不聞以歷史為人物之畫像；以人物為時代之代表，不
聞以時代為人物之附屬。」在歷史編纂學上，他要求打破舊史書以帝
王將相的紀、傳為主的體例以及「正統」觀念，採用西方的章節體。
梁啟超反對單純排比史實的寫作方法，要求解釋歷史，敘述「人群進
化」的現象，找出「公理公例」。雖然實際上他不可能找到歷史發展
的真正規律，雖然對舊史學的批判有形式主義或者言過其實的缺點，
但他提倡的不以帝王將相為歷史主體的新史學，比封建史學前進了一
步。這種新史學的進步性，在於它是當時整個啟蒙思想的一部分，是
和傳統封建意識鬥爭的一個方面和一種表現。如同把改革小說提到政
治高度一樣，他也把這種新舊史學觀念的對立提到同樣的高度，在
〈新史學〉一文中說：「嗚呼，史學革命不起，則吾國遂不可救，悠
悠萬世，唯此唯大。」

　　曾和嚴復同編《國聞報》的夏曾佑[12]，於一九〇四年出版以這種
觀點寫的第一部中國歷史著作──《中國古代史》，三十萬字。兩年
時間內商務印書館出版過三次。此書採用章節體，對太古三代至隋代

12 夏曾佑（1865-1924），近代文學家、史學家。浙江杭州人。光緒進士。曾在兩江總
　督署任文案，參加改良派政治活動。民國時期，任教育部普通教育司司長。能詩，
　但作品流傳很少。著有《中國古代史》（原名《中國歷史教科書》）。

進行分期。夏曾佑寫這部書的宗旨，是要用進化史觀說明「古今人群進化之大例」。稍後又有劉師培[13]撰寫的《中國歷史教科書》，有一定影響。此外，還有劉成禺的《太平天國戰史》。劉成禺從資產階級民族主義出發，宣揚太平天國的武力，為資產階級民主革命造輿論。此書得到孫中山、章太炎的讚賞，孫中山認為此書是「洪門諸君子手此一篇」，章太炎說該書「足以發潛德之幽光」。經他倆推薦，該書在當時產生過較大影響。一九〇三年，留日學生曾鯤化編輯出版《中國歷史》上下兩卷。此書圖文並茂，以孔子紀年，重視歷史進化因果關係，突出「國民」的歷史地位，宣傳民族主義。這些著作儘管仍然不能闡明歷史發展的客觀規律，但表現了歷史研究中力圖擺脫封建思想束縛的傾向。

章炳麟（1869-1936），字枚叔，號太炎，浙江餘杭人。一八九五年加入強學會，一八九七年任上海《時務報》撰述，開始改革宣傳活動。一八九八年去武昌入張之洞幕府，籌辦《正學報》，因政見不合被逐。戊戌政變後受通緝，逃亡臺灣，任《臺北日報》記者。次年，輯訂《訄書》。旋去日本，結識孫中山。一九〇〇年七月，在上海參加唐才常發起的「張園國會」，反對其既「排滿」又「勤王」的宗旨，當場剪辮與之決裂，此後倡言革命排滿，不遺餘力。一九〇二年春再次逃亡日本，與秦力山發起「支那亡國二百四十二年紀念會」。次年春回到上海，任愛國學社教員。六月在《蘇報》上發表〈駁康有為論革命書〉，批駁保皇派的改良主義謬論，責斥光緒皇帝為「載湉

---

13 劉師培（1884-1920），字申叔，江蘇儀徵人。一九〇三年結識章太炎，贊成「光復」。後任《警鐘日報》、《國粹學報》撰述。一九〇九年入端方幕。辛亥革命後，加入籌安會，助袁世凱行帝制。後在北京大學任教。家傳文字訓詁之學。主張以字音推求字義；用古語明今言，用今言通古語。又擅駢文（舊時一種文體，文中用對偶的句子，跟散文不同）。其著作輯成《劉申叔先生遺書》七十四種。

小丑，未辨菽麥」。旋又為鄒容《革命軍》作序。一九○三年因《蘇報》案，被捕入獄，一九○六年六月刑滿出獄，去日本參加同盟會，任《民報》主編，與改良派論戰。一九○九年與陶成章等改用光復會名義活動，並設總部於東京，被推為會長，與同盟會分道揚鑣。一九一一年十一月上海光復後回國，散佈「革命軍興，革命黨消」等錯誤言論，要求解散同盟會。一九一二年曾任統一黨、共和黨理事長，同年冬季被袁世凱任命為東三省籌邊使。

　　章太炎是一位「有學問的革命家」，他對資產階級史學的創立和發展也作出過重要貢獻。辛亥革命前幾年，寫了很多學術性文章，統統編入《國故論衡》，成為一部自成系統的著作。這部書在學術上企圖總結清代學術成績和方法，給予一定的批判，並提出自己的體系。在這部書中章太炎首先討論「小學」，指出小學是「國故之本」，無論研究經、史、文章都要從「小學」下手，同時，著重提出音韻學以補救清代學者偏重字形的缺陷。其次，他提出對文學的看法，「文者包絡一切箸於竹帛者而言」，反對「以感人為文辭，不感人者為學說」的狹義解釋。他的基本文學思想是反對浮華，崇尚「名實」。「名」即指邏輯性和思想性。他說「文學」就是「文之法式」。他的主張和見解都是針對當時文字空疏的弊病而痛下針砭。最後，他在〈原學〉、〈原儒〉、〈原道〉、〈原名〉等九篇文章中討論「諸子學」，主張「諸子皆出於　王官」，「九流皆言道」，「道」就是「哲學」。他著重把佛教哲學中「唯識論」一派的觀點和名家學說揉合在一起，企圖建立自己的哲學體系。這在當時是一個大膽嘗試。在政治上，這部書痛駁了康有為假借孔子改制，附會公羊三世，藉以宣傳「君主立憲」、反對革命的主張。一九○○年章太炎最早提出要編修新的中國通史。他不僅是進化論的信奉者，還把突變觀念引入自己的史學理論，顯示出比梁啟超的史學觀更為激進。

王國維（1877-1927），字靜安，號觀堂，浙江海寧人。清末秀才。初在上海東文學社任職，受到羅振玉[14]的賞識。不久赴日本留學，學習自然科學，受德國資產階級唯心主義哲學家叔本華的影響較深。一九○三年起，任通州、蘇州師範學堂教習，講授哲學、心理學和倫理學。著《靜安文集》，其中以《紅樓夢》評論為最佳。一九○七年赴北京，從事戲曲史和詞曲研究，著有《宋元戲曲史》、《人間詞話》等。自一九一三年起，從事古文物、古文字學、甲骨文、金文、漢晉竹簡的研究，側重訓詁考據，主張以地下史料參訂文獻史料。著有《殷卜辭中所見先公先王考》和《兩周金石文韻讀》、《觀堂古金文考釋》等書。一九二二年再赴北京，在清華研究院講援《古史新證》。一九二七年在頤和園投昆明湖自盡。生平著作六十餘種，分別收入《觀堂集林》、《海寧王靜安先生遺書》。

如果說梁啟超是資產階級史學理論和方法的宣導者，那麼王國維則是這一理論和方法的具體運用者。梁啟超本人儘管撰寫了有關中國學術史的大量論著，但真正能運用近代方法進行分析綜合，得出比較科學的結論和具有獨創性的學術作品卻並沒有多少。儘管解放前一些人把梁啟超的學術成就捧得很高，但並不符合實際。《清代學術概論》應算是梁啟超學術論著中最成功的作品，但也只是明暢的通史，思想深度和學術創見並不突出。王國維則剛好相反，他沒有大談史學理論和方法，他不是什麼宣傳家、思想家，更不是政治家，但是，他卻以資產階級近代方法對中國歷史的某些問題進行深入研究，取得創造性的成果。他無論從題材的選擇、論證的方法、追求的目標、得出

---

14 羅振玉（1866-1940），字叔蘊，號雪堂，浙江上虞人。清末任學部參事。辛亥革命後逃亡日本，勾結日本，圖謀復辟清朝，後又積極參與建立偽滿州國的漢奸活動。曾搜集和整理甲骨、銅器、簡牘、明器、軼書等考古資料，均有專集刊行，流傳較廣者有《殷墟書契》、《三代吉金文存》等。

的結論，都與傳統封建史學迥然不同。他注意從社會制度、經濟、文化等方面探求歷史的客觀因果，而不是封建史學的片斷考證和帝王家譜。他應用西方哲學和美學理論，開創性地研究無人過問的宋元雜劇，撰寫《宋元戲曲史》。郭沫若曾把王國維的《宋元戲曲史》和魯迅的《中國小說史略》相提並論，認為是「中國文藝史研究上的雙璧」。王國維更重要的學術成就是對甲骨文的研究，郭沫若在〈魯迅與王國維〉一文中評價說：「他對甲骨文的研究、殷周金文的研究、漢晉竹簡的研究是劃時代的工作。」他以甲骨文、金文等文獻資料相互印證，創造了「二重證據法」，這是乾嘉學派考據方法的繼承和發展，帶有濃厚的資產階級實證色彩。他所取得的這些成果，完全在於他接受當時西方資產階級意識形態，接受西方哲學理論和文藝作品的薰陶，並經過嚴格的自然科學方法論的訓練。他研究過西方哲學和社會學，翻譯過形式邏輯的書籍。所有這些才使他能突破傳統封建史學的觀點和方法，對中國古代史具有一種新眼光和新看法。他的學術成果不但不同於乾嘉考據學派，而且也比同時代的革命派章太炎要深刻和新穎。

　　王國維在西方文化的薰陶下，儘管浸染了叔本華的悲觀主義、唯心主義，但他自己清醒地意識到，可愛者不可信，可信者不可愛的尖銳矛盾。他知道他所愛的唯心主義哲學是並不可信的，從而把自己的主要精力獻給歷史科學。在王國維思想深處，不僅有政治態度（封建的）與科學方法（資產階級的）的矛盾，而且還有悲觀主義哲學思想與對自由人性（反封建）嚮往的悲劇性的深刻矛盾。另外，王國維的美學著作《人間詞話》，也是屈指可數的。二十世紀二〇年代清華大學研究院的三巨頭——梁啟超、王國維、陳寅恪[15]，是三〇年代馬克

---

15 陳寅恪（1890-1969），現代史學家。江西修水人。陳三立子。曾任清華大學、西南
　聯大、嶺南大學教授。解放後，任中山大學教授、中央文史館副館長。對魏晉南北

思主義史學產生前的資產階級史學的主要代表。真正用馬克思主義研究史學，是從郭沫若（《中國古代社會研究》）和魯迅（《狂人日記》）開始的。

第三章
文學

　　中國近代文學充滿著愛國主義和民主主義精神。在近代中國，隨著反帝反封建的愛國救亡運動的發展，文學領域也發生了重大變化。

一　反侵略文學的產生

　　清代小說不僅數量眾多，而且出現了一批藝術成就很高的進步小說，如蒲松齡的《聊齋誌異》、吳敬梓的《儒林外史》、曹雪芹、高鶚的《紅樓夢》。

　　鴉片戰爭前，桐城派古文和乾嘉考據學盛行，它們或者華而不實，或者脫離社會實際，文學界呈現腐朽沉悶的空氣。真正打開局面、開近代文學風氣的是龔自珍。龔自珍、包世臣[1]、魏源、張穆等人，對文學的觀點有異有同。包世臣認為，寫文章能夠講明原委、說清道理就是好文章。他批評那種以「載道」自詡，或者滿紙詰屈聲牙、欺騙讀者的做法，不只是文人「陋習」，而且荒謬絕倫。魏源主張詩歌必須是「發憤之所作」，寫文章的目的應該是「考治」、「辨學」，有一定內容。張穆曾指責專門類比仿傚、矯揉造作的作品是

1　包世臣（1755-1855），清代學者、書法家、書學理論家。字慎伯，安徽涇縣人。因涇縣古屬安吳，故人稱包安吳。他關心時政，對農政、漕運、鹽政、貨幣、鴉片戰爭後外國商品侵入對中國自然經濟的破壞等問題，均有論述。工書用筆以側取勢，提倡北碑，對後來書風的變革，頗有影響。著有《安吳四種》，其中《藝舟雙楫》下篇是書法理論著作，為學者所推崇。

「優孟衣冠」、「傀儡之戲」。龔自珍表示要寫平易近人的詩歌。龔自珍的小詩寫得較出色，比如「九州生氣恃風雷，萬馬齊暗究可哀，我勸天公重抖擻，不拘一格降人才」，就寫得很有生氣。意思是：中國的蓬勃興旺，要靠一陣迅猛的春雷，把令人窒息的沉悶空氣掃蕩乾淨，破掉種種清規戒律，讓各種各樣的人才脫穎而出。龔自珍的散文寫得艱澀難讀，詩歌也不以平易近人為特色，他的文學主張和創作實踐並不一致，說的一套，做的一套。

鴉片戰爭前，龔自珍、魏源等人的詩文，緊密聯繫社會生活，具有時代氣息。他們或者暴露清朝政府的腐朽衰敗，或者譴責外國侵略者的陰謀活動，或者憤世嫉俗，追求個性解放，特別是龔自珍的《乙亥雜詩》，譏切時政，風格清新，開近代詩歌之先河。

鴉片戰爭時期出現了反侵略的愛國主義文學作品。鴉片戰爭和太平天國農民運動，給文學提出新的任務：反侵略和反封建專制主義。從三元裏人民抗英開始，文學就成為動員和鼓舞反侵略鬥爭的工具。體裁有舊式詩文，也有通俗文字。兩次鴉片戰爭中，湧現出無數保家衛國、奮勇殺敵的激動人心的英雄事蹟。外國侵略者的窮凶極惡，國內封建統治者的投降賣國，為人民群眾親眼所見。當時出現的許多文學新形式，如民間揭帖、歌謠，尤其富有戰鬥性。民間揭帖思想敏銳，氣勢雄壯，如《粵東義民布告》。還出現了一些唱本和岔曲[2]，淋漓盡致地揭露清政府的醜惡嘴臉。有個唱本這樣寫道：「可歎大清一統，喪盡祖宗英名……鬼子炸炮當頭陣，嚇壞滿蒙漢軍兵。太平時，逞豪勇；打上仗，全無能。聞賊欲至先跑，不念宗社生靈……飯袋酒囊眾公卿，無一忠貞盡命，鬼子進城之後，任他調動聽從。平時裝模

2　岔曲，曲藝的一種，係清乾隆年間由民間盛行的戲曲高腔發展而成。此後，岔曲漸與牌子曲合流，其基本曲調被拆作為單弦的曲頭和曲尾。

作樣，騎馬坐轎逞威風，此時逃命改名姓……賊兵離了京城，我兵又逞英雄。茶館酒鋪抖威風，手中架鳥提籠。」有一首叫〈熱河兒歎〉的岔曲，辛辣譏笑了咸豐皇帝急忙逃命的狼狽相：「皇上不嫌轎子不快噎呀，噎呀呀，校尉急得盡著命兒顛，噎呀，噎呀呀。步下走，扶車沿，跑得兩條腿拌了蒜，過街爛的靴子綻了多一半。」民間文學，通俗易懂，在群眾中廣為流傳，影響很大。另外，舊詩體裁也被廣泛地應用於歌頌英勇鬥爭的人民和將士們。歌頌抵抗派首領林則徐和英勇犧牲的將士關天培、裕謙、陳聯升、陳化成、葛雲飛、王錫鵬、鄭國鴻等，還鞭撻、譴責投降派官吏的貪生怕死，斥責侵略軍燒殺淫掠的暴行。張維屏[3]的〈三元裏〉，張際亮的〈東陽縣〉，魏源的〈寰海十章〉，蔡惠清的〈秋窗紀略〉，朱琦的〈關將軍輓歌〉，貝青喬的〈咄咄吟〉，都具有濃鬱的愛國主義色彩，都因為熟悉生活寫得很好。如張維屏的〈三元裏〉中寫道：「三元裏前聲若雷，千眾萬眾同時來，因義生憤憤生勇，鄉民合力強徒摧。」這些詩把群眾鬥爭的雄偉聲勢、侵略者喪魂落魄的醜態，描述得生動逼真，並對清朝統治者的妥協投降極表憤慨。魏源的〈寰海十章〉寫道：「同仇敵愾士心齊，呼市俄聞十萬師」，「前時但說民通寇，此日翻看吏縱夷」。歌頌林則徐發動人民的抗英壯舉，揭露琦善投降縱敵的可恥面目。詩句單刀直入，異常尖刻，使人感到詩中有人，呼之欲出。〈三元裏打仗日記〉是一篇散文，文中說：「不轉眼間，來會者眾數萬，刀斧犁鋤，在手即成軍器，兒童婦女，喊聲亦助兵威……重重疊疊，遍野漫山，已將夷兵困在核心矣。」這類作品描寫群眾自發的反侵略鬥爭，感情

3 張維屏（1780-1859），清代詩人。字子樹，號松心子，廣東番禺人。道光進士。早期詩作多抒寫個人生活。晚年家居，目睹英國侵略軍的暴行，激發愛國熱情，所寫詩篇〈三元裏〉、〈三將軍歌〉等，激昂悲憤，歌頌反侵略鬥爭。著有《松心詩集》、《松心文集》等。

真實，愛恨分明，筆調平易親切。關於歌頌英雄人物的，如張維屏的〈三將軍歌〉中的一段描述：「三將軍，一姓葛，兩姓陳，捐軀報國皆忠臣。英夷犯翻寇氛惡，將軍奉檄守沙角。奮勇擊賊賊稍卻，公奮無如兵力弱。凶徒蜂擁向公撲，短兵相接亂刀落……陳將軍，有賢子，葛將軍，有賢母，子隨父死不顧身，毋聞子死數點首。夷犯定海公守城，手轟巨炮燒夷兵。夷兵入城公步戰，槍洞公胸刀劈面，一目劈去鬥愈健，面血淋漓賊驚歎。夜深雨止殘月明，見公一目猶怒瞪……陳將軍，福建人，身經百戰忘辛勤。英夷犯上海，公守西炮臺，以炮擊夷兵，夷兵多傷摧。」

民間的揭帖和歌謠，以通俗樸素的語言和尖銳鮮明的思想，痛斥外國侵略者和清朝統治者，鼓舞人民起來反抗，富有戰鬥性和鼓動性。

總之，鴉片戰爭時期湧現大量的反侵略文學作品，這些作品豐富多彩，扣人心弦，洋溢著愛國主義精神。

這個時期反侵略文學作品的最大特點是，熱情歌頌廣大人民群眾英勇鬥爭的光輝事蹟。如張維屏的〈三元裏〉，就是描寫廣州人民群眾奮勇殺敵的壯麗史詩。又如朱琦的〈感事〉，也是頌揚三元裏人民抗英鬥爭的著名詩篇：「昨覽檄夷書，疾聲恣醜詆，忠義乃在民，苟祿亦可恥。古人重召募，鄉團良足倚。」從人民群眾的反侵略鬥爭中，看到了戰勝英國侵略者的希望。

有些作家和詩人，在稱讚人民群眾奮勇殺敵的同時，還譴責投降派官僚媚外賣國的罪行。魏源的前後兩首〈史感〉詩，在當時傳抄很廣，如「城上旌旗城下盟，怒潮已作落潮聲」；「已聞孤鼠憑城社，安望鯨鯢戮場疆」；「同仇敵愾士心齊，呼市俄聞十萬師」；「前時但說民通寇，此日翻看吏縱夷」；「曾聞兵革話承平，幾見承平話戰爭」等警句，最為人們所稱道。此外，張儀祖在〈讀史有感〉中寫道：「英雄效死偏無地，上相籌邊別有才，竟爾和戎曾地割，是誰揖盜又開

門？」無名氏在〈京口驛題壁〉中寫道：「事機一再誤庸臣，江海疏防失要津。局外也知成破竹，夢中猶未覺燃薪……天險重重如此易，傷心我國大無人。」這些詩句，是對清朝投降派的嚴正控訴。

　　當時還有不少紀事詩，揭露英國侵略軍的殘酷暴行和清朝統治者貪生怕死、腐朽無能的醜態，其中較著名的有貝青喬[4]的《咄咄吟》。他根據自己的親身經歷，寫詩一百多首，並附加注釋，系統地記述浙江戰場的真實情況。他對戰爭的失敗感到十分憤慨，寫道：「鐵錯何堪鑄六州，嘩傳新令下江頭。早知殺賊翻加罪，誤抱雄心赴國仇！」悲憤情緒，躍然紙上。

　　這個時期反侵略文學的另一個顯著特點是，許多作品文字淺顯，通俗易懂，使用廣大群眾的語言來表述愛國主義思想感情。其中有些作品如歌謠、揭帖、告示等，顯然是勞動人民的創作，如〈匿名揭帖〉中寫道：「若要享太平，先殺潘仕成。選定弓箭手，埋伏射耆英。破了黃煙筒（指黃恩彤），自後不勞兵。」又如〈寧波眾義民公啟〉：「我們大家公議，各自為主，或一人而聚數十人，或一人而聚數百人，以至數千人，或數萬人，愈多愈好，或用暗計，或用明攻，總要把紅毛夷人除滅。」這些作品的內容，具有強烈的反侵略思想。

　　另外，順便提一下道光、咸豐年間的小說。中國古典小說發展到道光、咸豐年間，明顯地呈現出衰落狀態。曾有陳森的《品花寶鑒》[5]

4　貝青喬（1810-1863），清代詩人。字子木，江蘇吳縣人。鴉片戰爭時，曾入奕經軍幕，在浙東抗擊英國侵略軍。目睹清朝軍政的腐敗、敵人的殘暴惡毒，寫下許多愛國詩歌。後游京師、浙江、貴州、雲南、四川等地。著有《半行庵詩存》、《咄咄吟》、《苗俗記》等。

5　《品花寶鑒》，長篇小說，六十回。清陳森作。森字少逸，江蘇常州人。小說以梅子玉和杜琴言同性戀的故事為中心，描寫貴族子弟玩弄同性的變態心理和腐朽生活。作者從欣賞角度出發，對此大加美化。但也提供當時梨園生活的一些情況。

（1852年）和魏子安[6]的《花月痕》[7]等狎邪小說。有俞萬春的《蕩寇志》[8]、文康[9]的《兒女英雄傳》等詆毀農民起義、維護封建統治利益的小說。到光緒年間，又出現了《三俠五義》[10]、《施公案》[11]、《小五義》、《續小五義》等有反封建思想傾向的俠義小說和《青樓夢》[12]、

6　魏子安（1819-1874），清代文學家。字秀仁，福建候官人。道光舉人。曾遊幕山西、陝西，主講成都芙蓉書院。通經史。所作小說《花月痕》，對後世鴛鴦蝴蝶派小說頗有影響。

7　《花月痕》，長篇小說，十六篇五十二回。清魏秀仁（子安）作。敘述韋癡珠、劉秋痕和韓荷生、杜採秋兩對男女窮達升沉的不同遭遇。韋癡珠、韓荷生角逐官場，流連妓院，韋癡珠終身潦倒，韓荷生則飛黃騰達。作者以韋癡珠、韓荷生自況，反映失意者的沒落和對功名富貴的美慕。全書充塞詩詞，又雜有妖異之說。還對太平天國進行抵毀。

8　《蕩寇志》，長篇小說，七十回。清俞萬春作。俞字仲華，浙江紹興人。道光年間曾多次參與鎮壓農民起義。該書繼七十回本《水滸傳》後，演述陳希真、陳麗卿等「蕩平」梁山，將梁山人物一一誅滅的故事。作者認為對起義農民必須斬盡殺絕，太平軍進入蘇州時，此書版本被焚毀。

9　文康，清代小說家。字鐵仙，滿洲鑲紅旗人。曾任徽州知府，後改任駐藏大臣，因病未就任，卒於家。晚年作《兒女英雄傳》，宣揚榮華富貴、封建名教的腐朽思想。

10　《三俠五義》，原名《忠烈俠義傳》，一百二十回長篇小說。清人據單弦藝人石玉昆說唱的《龍圖公案》及其筆錄本《龍圖耳錄》改編。後經俞越修訂，重寫第一回，又因原書所寫不止三俠，乃改名《七俠五義》。前半部主要寫包拯審案故事，後半部主要寫江湖俠客的活動。書中反映一些封建統治階級的黑暗、殘暴，但宣揚封建倫理道德和因果報應的迷信思想。故事情節曲折，語言通俗流暢。在清代俠義小說中較為突出。

11　《施公案》，又名《施公案奇聞》。長篇小說，有道光刊本，九十七回。清無名氏作。寫清康熙年間施仕綸官江都知縣至通州漕運總督時的斷案故事。大半附會臆造，多寫奇案怪案，宣揚賢臣、豪傑效忠封建王朝、甘當奴才的思想。結構混亂，人物性格前後不一，以後續書氾濫，思想藝術皆甚拙劣。

12　《青樓夢》，長篇小說，六十四回。清俞達作，光緒四年成書。達字吟香，江蘇長洲人。故事以文人金挹香狎邪生活為中心。寫他特受妓女愛重，納五妓，一妻四妾，並高中甲科，官至知府，後悟道羽化成仙，一家人俱白日昇天，宣揚富貴神仙、腐朽庸俗的生活理想。小說專意「摹繪柔情，敷陳豔跡」，思想空虛，格調不高。

《海上花列傳》[13]等狎邪小說。這些小說，一方面是古典舊小說的餘波，反映了忠君和神鬼邪說；另一方面，對封建社會的黑暗腐朽，也有一些揭露和批判。

二 太平天國的文化

太平天國農民運動，給封建文化以猛烈的衝擊。為傳播農民戰爭思想，太平天國始終十分重視書籍出版工作。大量刊印文書是從永安建制時開始的。現在保存下來的《幼學詩》、《太平禮制》、《太平詔書》、《天條書》等十多種，大部分是天京建都前印的。太平天國在天京設有鐫刻營和刷書衙，據說有三四百名印刷工人。太平天國出版的書，大多是自己的著述，現存有四十多種，中心內容是反封建反清王朝。太平天國還編印宣傳農民造反思想的通俗易懂的小冊子，如《三字經》、《幼學詩》、《御製千字詔》等，代替通行的私塾課本。洪秀全最早搗毀私塾裏孔丘的牌位，宣佈與孔孟之道決裂。早期太平天國歷史典籍《太平天日》上講了這樣一個故事：天父天兄與洪秀全一起討論世上為什麼總有妖魔作怪，其原因是「孔丘教人之書多錯」，於是把孔丘叫來嚴厲訓斥了一頓。原先人們總認為孔丘的話是天經地義的，現在被宣佈為壞事的根。這表現了太平天國的反封建精神，在當時思想領域裏乃是了不起的事情。

太平天國明文規定，凡一切孔孟諸子百家妖書邪說，盡行焚除，一律不准買賣藏讀，否則問罪。太平軍首領某人在蘇州主持考試，因

---

13 《海上花列傳》，長篇小說，六十回。清末韓邦慶作。邦慶字子雲，號太仙，江蘇松江人。內容以暴露妓家奸譎欺謾為主題，通過敘寫趙樸齋、趙二寶兄妹墮落過程，對當時地主、買辦、富商、流氓橫行的罪惡社會有所譴責，但有不少庸俗無聊的描寫。對話全用蘇州方言，文筆平淡。

出四書五經題，被誅。據當時人寫的《禁妖書》敘述：搜到的書籍論擔挑，有的被拋到茅廁裏，有的被火燒水澆。太平天國不懂得批判繼承古代文化遺產，只是對封建文化進行一次大掃除。這樣做也起了一些副作用，曾國藩曾歪曲太平天國不要一切文化歷史，使不少知識分子受了騙，不擁護太平天國。一八五三年奠都南京以後，對這種做法有所改變，由禁讀儒書而改為對儒家典籍加以刪改。對古代典籍的文句，或全部刪去，或改稱「古語雲」。〈百正歌〉因原引孔學典故太多，全篇刪除。天京特設「刪書衙」，專門刪改儒家的四書五經，「將其中一切鬼話、怪話、妖話、邪話一概刪除淨盡，只留真話、正話」。

總之，太平天國的文藝思想和政策，表現出兩個特點：一是作品內容強調政治性和思想性，要求文學必須為反清鬥爭服務。它規定「文藝雖微，實關品學，一字一句，要必絕乎邪說淫詞而確切於天教真理，以闡發新天新地之大觀」。二是在形式上提倡「文以紀實」、「言貴從心」、「切實透明，使人一目了然」。只有這樣，才能更好地表達思想內容，為農民鬥爭服務。

太平天國在文字改革方面也是有成績的。公文書籍裏大量使用簡體文字，如「国」、「虫」、「胆」、「窃」、「录」、「粮」、「响」等。我國歷代官印一直沿用篆書，太平天國官印一律改用宋字正書，使人易於認識。中國古書是不加標點的，為便於閱讀，太平天國的文書一律加上標點符號，如逗點、句點、人名號、地名號等。

太平天國反對古體文，提倡語體文。提倡「文以紀實」、「樸實明曉」的文風，反對空洞無物、無病呻吟、故作深奧的古典文體。公文要求「實敘其事」、「語語確鑿，不用浮詞濫調」。記載太平天國歷史的《詔書》，敘事用「話說起」、「話分兩頭」、「按下不提」、「下回分解」等寫法，大體上是中國舊的民間語體文。洪仁玕在《欽定軍次實錄》中指出，寫文章在於致用，尋求經濟方策，應提倡寫實精神。他

說：「本軍師所到之處，禁止焚屋焚書，意欲尋求經濟之方策。」又說：「照得文以紀實，浮文在所必刪；言貴從心，巧言由來當禁。」太平天國主張去浮言，用實話，樸實明曉，一目了然的文體。還提倡文章要寫得新穎、活潑、通俗，反對陳腐、呆板、古奧。《天情道理書》裏說，「語句不加詞藻修飾，只取明白曉暢，以便人人易解」。民歌型的詩歌在太平天國最為流行，許多典籍多用詩歌寫成。太平天國的文學，具有反封建的內容、通俗明瞭的形式和鮮明的勞動人民本色。

太平天國廢除清朝舊曆，創制新歷──「天曆」。天曆採用陽曆，定每年為三百六十六天，一年十二月，單月三十一日，雙月三十日。天曆全部刪除舊曆書中講吉凶禍福的部分。天曆並不與天象全合，所以是不科學的。一八五九年修改後的天曆，增加一些農業知識。過去，只有皇帝才有權頒佈曆書，天曆象徵著農民、地主兩種政權的對峙，意義重大。

太平天國打倒了孔家店，卻又樹立「皇上帝」的偶像。拜上帝教的來源和形式都屬於西方殖民主義者傳來的基督教，雖經改造製作，但宗教麻醉作用依然保存。在封建社會裏，占統治地位的思想文化是地主階級的思想文化，沒有無產階級領導的農民運動，不可能創立一個代替封建文化的上層建築，也不可能創立一種內容和形式統一的切合需要的新文學。農民階級單靠自己的力量不可能建設一種代替封建制度的新的社會制度，也不可能單獨破除封建文化，最終只能對孔孟思想、封建文化實行妥協。

三　戊戌時期的文學

文學出現重大的革新和變動，是在十九世紀末二十世紀初。戊戌變法前後，中國資產階級掀起近代第一次思想解放的潮流，掀起救亡

圖強的政治改良運動，掀起向西方尋求救國救民真理的又一浪潮。配合政治上維新變法的需要，資產階級維新派提出文學改革的主張，要求實現從內容到形式的革新，發揮文學的社會教育作用，於是出現了文學改良運動。

詩歌方面，搞詩歌改革的梁啟超等人，針對當時籠罩在詩壇上的濃厚的倣古迷霧，提出「詩界革命」的口號。要求在不破壞舊風格的前提下，詩歌要反映新的社會現實。他們把自己的詩作稱為「新派詩」，以西學新名詞入詩，內容表現新的生活和理想。這些人中的骨幹分子有康有為、梁啟超、譚嗣同、夏曾佑、黃遵憲、蔣智由、丘逢甲。他們都直接、間接地與戊戌變法運動有關係。新派詩的作家同時也是搞新政、搞新學的，所以，他們寫的詩又稱為「新學之詩」。他們對舊體裁如律詩、絕句，稍有改變，主張舊體裁（形式）與新材料（內容）相結合，即舊瓶裝新酒，「以舊風格含新意境」。所謂新材料有兩種：一是新的題材，二是新的詞彙。梁啟超在《飲冰室詩話》中要求「能鎔鑄新理想以入舊風格」，主張作品中不但要有「新名詞」，還要有「新意境」。這是這一派人的基本理論。

在新派詩人中，黃遵憲是詩歌創作中成績最大的一位。黃遵憲（1848-1905），字公度，廣東嘉應人。光緒舉人。曾在日美英等國任外交官多年。回國後積極參加維新變法運動，撰寫《日本國志》，介紹明治維新的歷史。他認識到詩歌「有左右世界之力」，寫詩「以言志為體，以感人為用」，「詩之外有事，詩之中有人」。主張在舊體中注入新語言，表現新事物、新思想、新意境。他早年在〈雜感〉詩中反對因襲古人的擬古主義。他反對尊古賤今，認為「今之世異於古，今之人亦何必與古人同」；所以如果學習古人詩文，也要棄其糟粕，取其精華，打破宗派成見。他主張擴大詩的題材和語言，古人不曾歌誦過的，我們可以歌誦，方言俗語都可以吸收入詩，而且提倡用寫散

文的手法來寫詩。他提出「我手寫吾口，古豈能拘牽」的現實主義觀
點。一八九一年，他在〈人境廬詩草·自序〉中全面闡述自己的詩歌
革新的見解。他最早從理論上和創作實踐上為「詩界革命」開闢道
路，並在自己的作品中實踐了自己的主張。在歷次反侵略戰爭中，他
以強烈的熱情、通俗的語言和新穎的形式，寫了不少愛國主義的詩
篇，如〈逐客篇〉、〈馮將軍歌〉、〈哀旅順〉、〈臺灣行〉等。他寫的雖
是舊體詩，但不完全受舊體詩的束縛，風格上也有創新。他吸收杜甫
的寫實、李白的奔放等特點，還吸收古代散文家的寫作方法。他的詩
生動地反映了十九世紀下半葉一系列的歷史事件。中法戰爭中馮子材
是一位民族英雄，他予以熱情的歌頌：「手執蛇矛長丈八，談笑欲飲
匈奴血……閃閃龍旗天上翻，道咸以來無此捷！」對於中日甲午戰爭
的失敗，他一再發出沉痛的歌唱：「一將拘囚一將誅，萬五千人作降
奴！」「城頭逢逢擂大鼓，蒼天蒼天淚如雨，倭人竟割臺灣去！」黃
遵憲以雄壯的詩句表達了中國人民誓不放棄臺灣的鬥志和決心。他雖
然不懂得義和團的反帝意義，但對國都被侵佔卻深致悲痛：「登城不
見黃旗影，獨有斜陽咽暮笳。」黃遵憲的詩篇在形式和風格上都有新
的創造，有不少詩和民歌很接近，這些作品固然還不能算作「詩界革
命」，可是顯然有幾個值得注意的特點：首先，與國內外政治、社會
現實密切結合，反映時代精神；其次，關心國家民族的命運，字裏行
間洋溢著愛國主義思想；再次，語言豐富而自然。這三點是應該肯定
的，多少預示著詩歌新時代即將到來。

　　散文方面的改良運動不及詩歌那樣蓬勃旺盛，但也產生了一些優
秀的作者，如譚嗣同、梁啟超等，其中最值得注意的是「新文體」的
提倡者梁啟超。在近代文學史上，新體散文的受歡迎，沒有超過梁啟
超的。在學術上，梁啟超的優點是非常博大，其缺點是比較淺薄和自
相矛盾，談不到很專精。他是近代中國學術史上的多產者。梁啟超在

戊戌變法期間辦報、講學，變法失敗後逃亡日本，又辦《清議報》、
《新民叢報》，寫了不少政治宣傳文章，開創了「新文體」。他的文
章，內容上宣傳政治改良，風格上打破八股文，既不似漢魏，也不似
桐城[14]，而是平易暢達，條理明晰，筆鋒常帶感情，對過去有所繼承，
有所改變，達到解放思想、啟蒙教育的目的。梁啟超曾經指出「新文
體」的優越性是：一來平易暢達，時常摻雜俚語、韻語或外國語法，
服從寫作的需要，不受拘束。二來條理明白，感情豐富，對讀者有說
服感染的力量。這種文體一出現，馬上受到對現狀不滿的人的熱烈歡
迎，同時卻被頑固守舊派所仇視，斥為下流。實際上，這種文體在當
時歷史條件下確有一定的成就。它拋棄甚至粉碎了過去戒律的框框，
比古文更大眾化，使活在人民口中的語言與寫在紙上的文章逐漸接
近。這就減少了閱讀的困難，擴大了作品的社會效果，獲得空前的流
行。就連守舊派也不得不承認：「一紙風行，海內視聽為之一聳。」

在擯棄舊文體、創造新文體方面，梁啟超作了巨大的努力。他在
宣傳維新變法時，寫了不少論文。這些文章明快曉暢，議論新穎，拋
棄八股文和桐城派古文的舊形式，在理論和實踐上為新文體奠定基
礎，為白話文運動開闢道路。他自稱所作散文「筆鋒常帶感情，務必
平易暢達，時雜以俚語、韻語和外國語法，縱筆所至不檢束」。他用
這種文體寫的散文名篇〈變法通議〉、〈少年中國說〉，風靡全國，影
響很大。這兩篇文章是梁啟超的新文體的代表作，標誌著散文發展的
一個新階段。

---

14 桐城，即桐城派，清代散文流派。方苞開創，劉大櫆、姚鼐進一步發展。他們都是
安徽桐城人，故稱桐城派，但後來桐城派的作家卻並不都是桐城人。他們主張學習
《左傳》、《史記》等先秦兩漢散文和唐宋古文家韓愈、歐陽修等人的作品，講究
「義法」，要求語言「雅潔」。以陽剛陰柔分析文章風格。其作品內容貧乏，空洞無
物。在清代頗有影響。

　　與此同時，為適應文學改革的要求，維新派還主張「崇白話，廢文言」。認為文言是「禍亂中國」的一端，「白話為維新之本」。一八九八年《無錫白話報》出版，這是當時鼓吹變法維新、反對文言文的一本進步刊物。提倡白話文最力的是無錫知識分子裘廷梁。他認為要改革社會風氣，必從開通人民知識著手，要開通人民知識，必須廢除科舉，興辦學校，創辦報紙。他說報紙上的文字不能高深難懂，要辦白話報才便於開通民智，傳播新知。一八九八年，他和顧述之、吳蔭階、汪贅卿、丁仲祜等人發起組織白話學會，同時刊行《無錫白話報》，第五期後改名《中國官音白話報》，共出了十四期。湖南的《湘報》也登載一些用白話文寫的文章，如皮嘉祐的〈平等歌〉、〈醒世歌〉等。此後，首先在長江下游各省紛紛出現白話報刊（一九一八年有一百七十餘種），白話書籍也大量刊印。這種白話運動雖沒有取得全面勝利，並未代替古文的傳統地位，但它從語言形式上否定了古文的表達方式，對晚清的文體解放運動是個有力的促進。

　　隨著資本主義商品經濟的逐步發展以及政治改良運動的開展，文學也在向通俗化、大眾化的方向演進。小說創作上，資產階級改良派響亮地提出了「小說界革命」的口號。早在一八九七年，嚴復、夏曾佑就發表〈《國聞報》附印說部緣起〉，主張小說改革。梁啟超也在《變法通議》中明確提出革新小說的主張。一九〇二年冬，梁啟超在其主編的《新小說》雜誌創刊號上發表〈論小說與群治之關係〉一文，正式提出「小說界革命」的綱領。他從資產階級觀點出發，對小說的社會作用、文學地位、藝術特點（形象、虛構、細節描寫）等問題作了較系統的論述。一九〇七年，王無生進而提出「小說救國論」。

　　在「小說界革命」的引導下，一九〇〇年至一九一〇年間，小說創作形成新的局面，出現以刊載小說為主的雜誌三十多種，如《新小

說》、《繡像小說》[15]、《月月小說》[16]等等。創作和翻譯小說有一千多種，其中有政治小說、言情小說、偵探小說、歷史小說、演義小說，等等。

近代文學史上，易順鼎[17]的《四魂集》很有特色。他到過十多個省份，於詩無所不學。刻印詩集十多部，而最自喜者為《四魂集》。他自稱：「餘詩對仗皆用成語，且不喜用僻典，而所用皆人所知之典，又皆寓慷慨、悲歌、嬉笑、怒罵於工巧渾成之中，自有詩家以來，要自余始獨開此派矣。」他作詩長於對仗，就這一點而論，確實是超越古詩人的。

以前，中國學者對漢語的研究，限於文字、音韻方面，對於漢語的規律（語法）的研究很不夠。資產階級改良派學者馬建忠注意了這個問題，他參照西文文法，以周秦以來到唐代韓愈以前的各家文章為範例，對文言文結構進行研究，分析詞類，編寫一部系統的漢語語法著作——《馬氏文通》，一八九八年正式出版。這是中國第一部系統地研究漢語語法的專著，為漢語語法學奠定基礎。

另一位資產階級改良派學者宋恕，一八九一年提出中文拼音的主張。他認為漢字比較難學，如果學習日本，創造出一種切音文字作輔助，將會有利於教育的普及。此後，一些人開始從事這項研究工作，

---

15 《繡像小說》，近代文藝半月刊。一九○三年五月在上海創刊，李寶嘉主編，商務印書館發行。每回小說附有插圖。所刊作品對帝國主義的侵略和封建統治者的昏庸腐朽很不滿，但多宣揚改良主義。李寶嘉的《文明小史》和劉鶚的《老殘遊記》均發表於此刊。一九○六年四月停刊，共出七十二期。

16 《月月小說》，近代文藝月刊。一九○六年九月在上海創刊，吳沃堯、周桂笙主編。所刊小說大多描寫風花雪月的私生活，開鴛鴦蝴蝶派先聲，並大量刊登翻譯的偵探小說。一九○八年十二月停刊，共出二十四期。

17 易順鼎（1858-1920），代近詩人。字實甫，湖南龍陽人。光緒舉人。官至廣東欽廉道。袁世凱稱帝時任代理印鑄局長。能詩，也作詞和駢文。著有《四魂集》、《丁戊之間行卷》等。

到十九世紀末，先後提出過九種中文拼音方案。

　　丘逢甲（1864-1912），字仙根，筆名倉海，臺灣苗栗人。光緒進士，授職工部主事。因不樂仕宦，以養老告歸，主講臺灣衡文書院、臺南府羅山書院、嘉義縣崇文書院。一八九五年初得悉清政府對日本有割讓臺灣之議，大憤，刺指血書「拒倭守土」四字，召集士紳聯名電爭，被拒。《馬關條約》簽訂後，為抵制割臺，倡議臺灣獨立，稱「臺灣民主國」，推臺灣巡撫唐景崧為總統，自任副總統兼大將軍，改年號為「永清」，派人內渡謀求清政府諒解，同時全面動員，準備抗擊日本侵略軍。他改練勇為義軍，堅守臺中。臺北告急時，率軍增援，苦戰二十多天。後繼唐景崧離臺赴廈門。其離臺詩中有「宰相有權能割地，孤臣無力可迴天」，「捲土重來未可知，江山亦要偉人持」之句，為人傳誦。一九〇一年後，在汕頭設嶺東同文學堂，任總理。一九〇四年秋，被兩廣總督岑春煊聘為全省學務公所參議，移居廣州。廣東諮議局成立，當選為議長。一九一一年廣東光復，任都督府教育司長。一九一二年一月南京臨時政府成立，被推為臨時參議院議員。詩作有《嶺雲海日樓詩鈔》、《倉海先生丘公逢甲詩選》。

　　丘逢甲畢生為臺灣的救亡圖存、祖國的統一而鬥爭，他既是傑出的愛國主義者，又是著名的詩人，被梁啟超譽為「詩界革命之鉅子」。

　　丘逢甲的詩作現存二千多首，其內容健康清新，詩風悲涼激宕，大多描繪時代風雲，揭露民族矛盾，抒發臺灣人民愛國愛鄉、謀求祖國統一富強的悲壯情懷。他的詩作題材廣泛，都貫穿愛國主義精神：一、抒發熾烈的愛國愛鄉之情，反覆表達「復土雪恥」、統一祖國的豪情壯志，這是丘逢甲詩中最常見的重要主題。內渡後，他懷著喪土亡家之痛和對故鄉親人的深情眷念，寫下許多催人淚下的詩句。詩人在〈春愁〉一詩中這樣寫道：「春愁難遣強看山，往事驚心淚欲潸，四萬

萬人同一哭，去年今日割臺灣。」丘逢甲還寫有〈元夕無月〉、〈病中贈王桂山〉、〈十四望月〉等。他的詩中，愛鄉是愛國思想的胚芽，愛國則是愛鄉感情的昇華和發展，積極謀求祖國的統一、富強、進步，則是愛鄉愛國思想的精髓與集中表現。二、揭露帝國主義列強的侵華罪行，呼籲國人認清形勢，救亡圖存，這是他詩中的另一重要主題。如「禍機伏眉睫，患氣延心腹」，「年來無地能埋憂，戰雲黯黯東半球」。三、表現走向世界的開放意識，是丘逢甲詩的又一重要特點。

四　辛亥時期的文學

　　梁啟超是近代最早高度評價和極力提倡小說創作的人。戊戌變法時期，梁啟超、黃遵憲等人曾提出語言與文字合一，即白話文問題。梁啟超認為，「日本之變法賴俚歌與小說之力」。戊戌以後，梁啟超在日本帶頭提倡新小說，並創辦專門雜誌，自己既搞翻譯又搞創作，大開時代風氣。這實際上是「詩界革命」、「小說界革命」和白話文運動的延續。到了二十世紀初，《二十年目睹之怪現狀》、《官場現形記》、《老殘遊記》、《孽海花》等最負盛名的小說，浩浩蕩蕩陸續問世，形成一股強大的新文學潮流。這些小說以諷刺誇張的藝術手法，對封建統治階級和外國侵略者的罪惡活動給予不同程度的揭露、鞭撻，產生積極的社會效果。這些小說，從內容到形式都突破傳統封建文藝，屬於資產階級文藝範圍。在這股潮流中，梁啟超在《新小說》創刊號上發表的〈論小說與群治之關係〉一文作了理論闡述，成了新潮流的代表和旗幟。他提出文藝小說為革新社會服務的根本觀點（綱領），十分強調小說的政治意義和教育價值，認為「小說有不可思議之力」，所以，無論「欲新一國之民」，或「欲新道德」、「欲新宗教」、「欲新政治」、「欲新風俗」、「欲新學藝」，以至於「欲新人心」，都必須先

「新小說」。他的結論是：「欲改良群治必自小說界革命始」。他自己也寫過一部反映立憲運動的小說《新中國未來記》。不用說，「小說界革命」和「詩界革命」一樣失敗了，但在當時產生的深刻影響是不可低估的。

二十世紀初開始盛行「譴責小說」[18]。小說家們對清朝統治階級的腐敗和外來侵略者的罪惡十分痛恨，都以創作作為打擊敵人、挽救中國的武器。這時的作品多數是暴露政治黑暗，批判社會病態，抵抗外國侵略，一句話，就是要求改變半殖民地半封建的社會現實。最著名的作家是劉鶚、李寶嘉、吳沃堯和曾樸。

劉鶚（1850-1910），字鐵雲，江蘇丹徒人。通數學、醫術、水利等。曾棄官經商，私售倉粟，戍新疆病死。喜收藏金石甲骨。他有愛國愛民的思想，可是，對封建帝王和資本主義國家抱有某些幻想；對「北拳南革」存有恐懼心理，因此，在他的小說《老殘遊記》（1903年刊印）裏便交織著進步與落後兩種成分。但是，不可否認他所刻畫的那些自命清廉而實際上卻給老百姓製造冤獄的人物形象，如玉賢、剛弼等，卻是相當成功的。對於自然景色及某些生活片斷的描寫，如第二回寫大明湖的風景與白妞黑妞說書之類，也為讀者所喜愛。

李寶嘉（1867-1907），字伯元，筆名南亭亭長，江蘇武進人。少年時期曾考取第一名秀才，但始終沒有考中舉人。擅長詩詞八股，考

---

18 「譴責小說」，是魯迅在《中國小說史略》裏提出的。《中國小說史略》係一九二○到一九二四年魯迅在北京大學講授中國小說史時的講義。一九二三年由新潮社印行上卷，次年印行下卷，一九二五年合訂一冊，由北新書局印行。一九三○年又對其中三篇作了修訂。全書二十篇，第一篇為〈史家對於小說之著錄及論述〉，以後各篇分論歷代小說的內容與技巧，敘述其發展過程與流派，始於神話與傳說，迄於清末譴責小說。是我國小說史的開山之作。見解精闢，材料豐富，對中國小說的歷史發展作了言簡意賅的總結。另附錄〈中國小說的歷史變遷〉一篇，六講，是作者一九二四年七月在西安講學時的講稿，最早收入一九五七年出版的《魯迅全集》第八卷。

舉人不中之後去上海辦《指南報》、《遊戲報》，專門發表一些嬉笑怒罵的文章。後來又辦《世界繁華報》、《繡像小說》雜誌，刊載詩詞小說。他寫的小說很多：《活地獄》四十二回、《中國現在記》二十回、《海天鴻雪記》二十回、《庚子國變彈詞》四十回，以及《繁華夢》、《李蓮英》等，但以《官場現形記》、《文明小史》為最好。

《文明小史》，一九○○年出版，六十回。小說廣闊地反映清末維新運動中的形形色色，諷刺封建知識分子對「文明」的誤解，揭露外國傳教士的橫行霸道，特別鞭撻了對洋人屈服獻媚、對人民殘酷壓榨的統治階級。雖然書中不免有誇張失實之處，但確實能在一定程度上體現新與舊的衝突與轉變。

《官場現形記》分為五編，每編十二回，共六十回。作者雖曾宣稱，預定計劃寫十編，已寫成的五編只是「上半部」，事實上，他說「後半部是教導他們做官的法子」，這個「法子」是無從著筆的。六十回未完成，作者就病死了，所以六十回即全部，不是上半部。

清末，統治階級內部的腐朽完全暴露出來，進步作家們盡情揭露官場的黑暗與罪惡，寫成小說加以譴責。《官場現形記》是那個時期最著名最有代表性的「譴責小說」。魯迅在《中國小說史略》裏說：「時正庚子，政令倒行，海內失望，多欲索禍患之由，責其罪人以自快，寶嘉亦應商人之托，撰《官場現形記》。」這部小說集中地暴露了封建社會崩潰時期統治機構內部的腐朽情況。魯迅說：「凡所敘述，皆迎合、鑽營、朦混、羅掘、傾軋等故事，兼及士人之熱心於作吏，及官吏閨中之隱情。頭緒既繁，腳色復顆，其記事遂率與一人俱起……若斷若續，與《儒林外史》[19]略同。」書中寫的那些官僚，昏

---

19 《儒林外史》，清代吳敬梓著的長篇小說。原本五十回，但未流傳。又有五十五回本，亦未見。流行者為嘉慶八年刻五十六回本，唯末回似為他人所補。書中刻畫各種類型士人利慾薰心、虛偽醜惡的精神面貌，暴露出封建社會的腐朽和黑暗，並對

瞶糊塗，卑鄙齷齪，達到極點；他們壓迫人民，剝削人民，嚴酷暴虐，也達到極點。但是，作者並沒有對現實生活進行深入的藝術概括，寫作態度上也有迎合時勢、嘩眾取寵的成分。魯迅指出：「然臆說頗多，難雲實錄……況所收羅，又僅『話柄』，聯綴此等，以成類書；官場伎倆，本小異大同，匯為長編，即千篇一律。特緣時世要求，得此為快，故《官場現形記》乃驟享大名；而襲用『現場』名目，描寫他事，如商界學界女界者亦接踵也。」《官場現形記》的主要內容是揭露清末極端腐朽的官僚制度。作者描寫形形色色的封建官僚，從軍機大臣、總督、巡撫、提督、道臺，一直到知縣，辛辣地揭露了他們賣國求榮、貪髒枉法、草菅人命和昏庸無能、卑鄙貪婪的面目。作者把他們比為仇人、強盜、畜牲，筆觸極其尖銳而辛辣。不過有些部分是掇拾流行的官場笑柄而寫成的，所以在人物的塑造上顯得有點粗糙、一般化。

　　吳沃堯（1866-1910），字繭人，廣東南海人。出身於官僚家庭。十七八歲去上海，常為報紙撰寫小品文章，還主編過多種小報。戊戌變法後，一九○二年曾應《漢口日報》之聘任編輯。同年十二月梁啟超在日本橫濱創刊《新小說》雜誌，他遊學日本並應約開始寫長篇小說，先後發表《痛史》、《九命奇冤》。一九○五年春任漢口《楚報》中文版（美國人辦）編輯，因國內掀起反對美國虐待華工運動，憤然辭職回上海參加愛國運動。他在上海，為《繡像小說》寫《瞎騙奇聞》。一九○六年和周桂笙等創辦《月月小說》，自任主筆，發表長篇小說《劫餘灰》、《發財秘訣》、《兩晉演義》等。一九○七年寫成《二

科舉制度和禮教作了深刻的批判和嘲諷。對於自食其力的人，則予以尊重和同情。語言純淨精鍊，富於表達能力。描寫人物性格，很有成就。「秉持公心，指謫時弊，筆鋒所向，尤在士林；其文又戚而能諧，婉而多諷」（魯迅語），成為我國古典諷刺文學的傑作。

十年目睹之怪現狀》。他一生所寫小說有三十多種,如反映鴉片戰爭
的《黑籍冤魂》、反映義和團和八國聯軍的《恨海》、反映立憲運動的
《立憲萬歲》等等,最著名的代表作要算《二十年目睹之怪現狀》、
《痛史》和《恨海》。

《二十年目睹之怪現狀》,一百回,五十萬字,曾發表在《時務
報》上。這部小說通過主人公「我」即「九死一生」做官、經商的經
歷,揭露從清朝的中央政府到省、道、府、縣各級官吏、衙門的腐朽
黑暗。作者抨擊的對象,除官僚之外,兼及商人和文士,而對冒充風
雅的才子的醜態,尤其寫得淋漓盡致。他說,二十多年中所遇見的人
不外三類:「一是蛇蟲鼠蟻,二是豺狼虎豹,三是魑魅魍魎」。由於憎
惡極深,所以用筆有點誇大,但全書的結構卻是比較緊湊的。

《二十年目睹之怪現狀》,寫的是中法戰爭前後到一九〇四年這
二十多年裏封建專制制度的腐朽和社會的黑暗。作者把一切黑暗和醜
惡的現象(189件),統稱為「怪現狀」,表明他已經很難理解這個世
界。結束讚語說:「悲歡離合二十年事,隆替興亡一夢中。」這部小
說的一個特色,是鮮明地把「做官」和「經商」對立起來,寫官場不
是人幹的,而商場儘管也有「怪現狀」,還是比官場乾淨。已入官場
而堅決要出來的吳繼之,未入官場而堅決不願進去的「九死一生」,
都有一條似乎很值得驕傲的道路可走。這道路不是《儒林外史》所指
的做隱士,也不是《紅樓夢》所指的做和尚,而是去「經商」。這正
代表了通過經商的途徑向資產階級轉化的那些人的願望,這一社會力
量正是改良思潮的階級基礎。這在我國封建社會的文學作品中,還是
第一次出現。商品經濟的發展,刺激著統治者對金錢貪得無厭的追
求,大小官員在朝不保夕的垂危處境中,除了抓緊每一個機會最大量
地攫取金錢財物而外,什麼也不關心。上自老佛爺、王爺、中堂、尚
書、督撫,下至宮廷裏的大小太監、官僚的幕客、差役、姨太太、小

姐、丫環、僕婦，全都撕下了假面具，赤裸裸地當強盜、騙子、小偷，當烏龜王八、娼婦，只要能夠弄到錢，只要能夠取得更高的地位去弄更多的錢。而這種追求金錢的狂熱，歸根到底，就是對人民的敲骨吸髓的榨取，就是國家主權、土地、資源的大拍賣。此外，還有各種各樣的社會寄生蟲：賭棍、買辦、訟師、江湖劣醫、人口販子、外國冒險家……都是直接、間接地依附侵略者、統治者，相互勾結，相互競爭，一起來吸吮人民的血汗。

　　在作者眼裏，只看到這些怪現狀，只看到那三類人為害人民，污濁社會，摧殘國力，但是看不見人民的力量。當時的人民，並非不聲不響，服服帖帖地聽憑那些東西吸血，而是正燃起熊熊的怒火。作者看不到這一點，就使作品沉溺於「怪現狀」的演述中，而缺乏擊中要害的批判力量。

　　《痛史》是屬於講史一類的小說，最早發表在梁啟超辦的《新小說》雜誌上，共二十七回，內容主要寫宰相賈似道的欺君誤國和文天祥等忠義之士的艱苦努力。其意圖在寫中華亡於異族的悲劇，用以借古諷今，揭露抨擊晚清中國士大夫在幾次與列強戰爭中所表現的昏庸誤國，向敵人屈膝投降的可恥行為，藉以喚起人們的愛國意識。吳沃堯堅持忠君愛國，反對革命排滿，認不清清王朝已是帝國主義的馴服工具。

　　《恨海》一九○五年由廣智書局出版，曾風靡一時，人稱晚清四大傑作之一。一九三一年曾改編成電影，一九四七年柯靈又把它改編成劇本。《恨海》主要寫陳伯和和張棣華，陳仲藹和王娟娟，兩對未婚夫妻在庚子事變中的悲劇。前一對，男的陳伯和後來墮落為洋場的乞兒小偷，最後終於病死。其妻張棣華因而看破紅塵，遁入空門。至於另一對，王娟娟因其父死後家道中落，到上海淪為妓女，其未婚夫陳仲藹在亂離中曾隨兩宮到西安，議和後，到上海訪問娟娟，杳無音

訊。後來不意在妓館遇到娟娟,娟娟一見到他馬上就跑掉了。陳仲藹
感到他父母在大亂中慘死,哥哥病死在上海,未婚妻又淪為妓女,於
是悲痛消極,披髮入山,不知所終。作者說,忠孝大節無不從「情」
字生出來。作者把這部書叫做「寫情小說」。作為他的理想人物,體
現「情」的標準的便是張棣華、陳仲藹,一個是孝女節婦的典型,一
個是孝子義夫的典型。作者強調用禮義廉恥的道德規範拯救危亡,振
興國家。在婚姻問題上,守護「父母之命、媒妁之言」的陳規舊俗。

吳沃堯是一位受儒家思想束縛很深的純潔的文人,一個有正義感
有俠義心腸的人,有強烈的愛國主義思想,但對康有為、梁啟超、孫
中山等提倡的科學、民主並不真正理解,他的思想和曾國藩、張之洞
完全一致,世界觀是陳腐的。

曾樸(1872-1935),字太樸,筆名東亞病夫,江蘇常熟人。出身
於封建知識分子家庭。幼年喜好文學,竊讀名家小說、雜集。少年時
期就和張隱南、胡君修交遊。一八九二年寫成《補後漢書藝文志》一
卷、《考證》十卷。一八九五年入同文館學習法文。後在陳季同的幫
助下專心致志於法國文學的研究。一九〇四年在上海創辦小說林書
店,出版創作、翻譯的小說,並寫成《孽海花》前十卷。一九〇七年
出版《小說林月刊》。《孽海花》一九〇七年出版,風行海內,頗受歡
迎。一九〇九年入端方幕府。上海光復後參加張謇組織的共和黨,任
江蘇省議員、江蘇省議會議長,孫傳芳盤踞江蘇時又任財政廳長、政
務廳長。一九二七年後,結束其政治生涯,從事文學活動。曾在上海
開設真善美書店,創辦《真善美月刊》,寫小說《魯男子》。一九三一
年秋遷常熟故里,晚年度退隱生活。曾樸一生經歷了讀書求仕
(1872-1896);由封建官紳轉化為資產階級改良派,致力於小說革新
活動(1896-1908);由資產階級改良派墮落為保皇派和反動政客
(1908-1927);由政治舞臺重返文藝舞臺(1927-1935)四個時期。
平生著述,風行海內,為後人所傳誦者為《孽海花》。

　　曾樸寫《孽海花》的目的是要借妓女傅彩雲（即賽金花）和清末狀元金雯青的愛情故事為線索，描寫自中法戰爭、中日戰爭以來政治、外交與社會的變革，給讀者展示一幅晚清中國上層社會的圖畫。作者說，他要「借用主人公作全書的線索，儘量容納近三十年來之歷史」。這就使得《孽海花》在比較廣闊的歷史背景上，比其它譴責小說更為深刻地反映清末的社會現實。《孽海花》所表現的思想比當時其它著名小說都要進步、激烈些，具有鮮明的民主主義傾向。他指出科舉制度是歷代專制帝王束縛知識分子最毒辣的手段。該書對西太后、李鴻章等人的腐朽兇殘和賣國面目有所刻畫；對以孫中山為代表的資產階級革命派表示同情和讚揚；也贊同明亡以後的秘密會社，對當時黑暗的政治和腐朽的官僚生活，分析批判得比較深刻。這部小說對封建最高統治者和封建專制政體進行勇敢的批判，揭露帝國主義的侵略野心，表達強烈的愛國主義思想，主張識洋務，引進西學，認清世界大勢，尋求國家富強之道。小說還揭露宮廷內帝後之間的爭權奪利、勾心鬥角，對官場的黑暗腐敗有所披露。小說特別描寫官僚名士的腐朽生活，對其醜惡行為進行諷刺和批判。小說從政治、軍事、外交、文化方面展現廣闊的社會畫面，把人物放在錯綜複雜的國際環境中來表現，給我國小說帶來了新的風貌。小說的語言比較生動，結構比較完整，全書以傅彩雲和金雯青為中心，把複雜的歷史事件和眾多的歷史人物連綴編織在一起，讓故事情節迴旋穿珠似地向前發展。魯迅說它「結構工巧，文采斐然」。小說運用諷刺手法，擅長刻畫作態的名士，還吸取西方文學的一些表現技法，在敘事和寫人方面展示新的特點。如書中注意人物環境和內心的描寫，注意伏筆和暗示手法的運用，以便讓事實真相和人物面貌逐步顯現。總之，從思想性、藝術性看，《孽海花》比李伯元的《官場現形記》、吳沃堯的《二十年目睹之怪現狀》略勝一籌，是晚清時期影響很大、最傑出的一部小說，魯

迅在《中國小說史略》中把它列為晚清四大譴責小說之一。兩年時間再版十五次，行銷不下五萬部。

這部小說也有局限性。作者的基本立場和世界觀仍是改良主義的，把救國的希望寄託在封建帝王身上。小說以獵奇的態度，對宮廷軼聞豔情，極力加以渲染，對官僚名士的淫佚墮落的生活，缺乏應有的批判，如對傅彩雲就作了不少低級趣味的色情描寫。對男尊女卑的封建道德觀念和因果報應的迷信思想也加以鼓吹。小說在藝術上也存在明顯的缺點，給人以花巧浮滑之感，很多人物和事件如蜻蜓點水，一掠而過，未能給人留下深刻的印象。主人公傅彩雲是一個失敗的形象，在書中她除了起到線索的作用外，未能給人以任何積極有益的啟示。

評價《孽海花》在近代文學史上的地位，我們只以一九〇七年以前寫作的二十五回為準，未把一九二七年後的修改和續作包括在內，因為後者的思想意義和藝術價值都比不上原來的初刊本。修改和續作的《孽海花》，削弱了反封建的內容，諷刺、指責甲午戰爭中的主戰派，顛倒黑白，把民族罪人美化成功臣。同時，又增加許多色情描寫和男女豔情故事，淹沒了初刊本原有的思想光輝和進步內容，在思想和藝術方面都存在比較嚴重的問題。

四大譴責小說均用通俗易懂的白話文寫成，廣泛運用諷刺和誇張的藝術手法，對封建統治階級和外國侵略者的罪惡活動作了不同程度的揭露，在當時產生積極的社會效果。但是，這些揭露和批判，在思想上和藝術上所達到的高度，遠不如以前的長篇小說《儒林外史》。

當時，也提倡翻譯外國小說。二十世紀初，翻譯小說的數量超過創作小說。英國詩人拜倫鼓舞希臘獨立的《哀希臘》，由蘇曼殊[20]譯成

---

20 蘇曼殊（1884-1918），近代文學家。原名玄瑛，廣東香山人。曾留學日本，漫遊南洋各地。能詩文，善繪畫，通英、法、日、梵諸文。曾任報刊翻譯和學校教師。與章太炎、柳亞子等人交遊。參加南社。其詩多感傷情調。小說運用淺近文言，描寫

中國舊體詩，傳誦甚廣。波蘭愛國詩人米契維茨、匈牙利愛國詩人裴多菲和菲律賓文人黎沙路的詩篇也都被迻譯過來。翻譯小說數量眾多。譯者中影響大的是林紓（1852-1924），字琴南，號畏廬，福建閩縣人。光緒舉人。曾在京師大學堂任教。辛亥革命後，思想日趨保守，忠於清朝，以遺老自居。維護舊道德、舊文學，所作《與蔡元培書》和小說《荊生》，極力攻擊「五四」新文化運動。晚清以來，他介紹西方文學較早也最多，用古文翻譯了一百五十九種外國小說。《茶花女遺事》、《撒克遜劫後英雄略》、《拊掌錄》、《塊肉餘生述》、《孝女耐兒傳》等，算是譯得較好的幾種。林紓最大的缺陷是不懂外文，從挑選作品到口述都依靠別人，他以記錄加工的方式翻譯。雖有歪曲誤解、刪削不當、改變體裁、選擇不嚴、用古文轉譯不夠信實、不夠通俗等缺點，但他工作態度嚴肅認真，譯作品質可靠，其成就是不容抹殺的。首先，可以使中國知識分子接觸到西洋文學，初步認識一些外國的文學巨匠；其次，可以引導中國作家向西洋作品學習，從取材、結構到描寫，都能得到一定的啟發，因而推進小說的發展。當時，林紓大多翻譯的是英、法、美、俄的作品，如英國的莎士比亞、司各德、狄更司、大仲馬、小仲馬，法國的巴爾扎克、雨果和俄國的普希金、萊蒙托夫、托爾斯泰、契訶夫、高爾基的名著都被他第一次譯成中文。林紓還翻譯了法國小仲馬的《茶花女》（1899年在福州刊印）和司各德的《艾凡赫》。美國斯托夫人的《黑奴籲天錄》，是他在一九〇五年反對美國虐待華工而引起的全國反美運動高潮中譯出的。這部小說曾被留日學生曾孝谷等組織的戲劇團體春柳社改編為五幕話劇，一九〇七年在東京首次公演，藉以反對民族壓迫，激勵自立圖強。

　　林紓翻譯態度認真，譯筆精練優美。他的譯作在文學界所起的作

愛情故事，表現出濃厚的頹廢色彩。著有《斷鴻零雁記》，還翻譯過拜倫、雨果的作品。有《蘇曼殊全集》。

用和影響是積極的。他翻譯的大量西方小說開拓了人們的眼界，使人們知道除了《水滸傳》、《紅樓夢》、《西廂記》、《牡丹亭》外，還別有天地在。西方資產階級的生活內容、社會狀況、思想感情以及題材、形式等是如此新鮮而動人，在當時的確產生了耳目一新的影響。魯迅在東京留學時就熱愛林譯作品。郭沫若在〈少年時代〉一文中說：「林琴南譯的小說，在當時是很流行的，那也是我最嗜好的一種讀物……他在文學上的功勞，就和梁啟超在文化批評上的一樣。他們都是資本制度革命時代的代表人物，而且是相當有些建樹的人物。」茅盾也受到林譯作品的影響。

林紓能詩會畫。平生一面致力於翻譯，同時也從事創作，但後者的成就卻遠遠不如前者。他寫的小說有《金陵秋》、《官場新現形記》、《冤海靈光》、《劫外曇花》、《京華碧血錄》、《畏廬漫錄》等。《畏廬漫錄》共四卷，一九二二年出版，內容多半宣傳中國傳統的封建思想——忠、孝、節、義，歌頌的人物不是孝子，就是貞女。

林紓比蒲松齡晚出生兩百多年，兩人都從事小說創作，林紓很受蒲松齡的影響，章太炎把他與蒲松齡比。但從思想上看，兩人相去甚遠。蒲松齡雖然有其庸俗之處，但卻有著進步的一面，如同情被壓迫人民，對統治者的殘暴淋漓盡致地揭露，對男女婚姻問題以及婦女問題有民主傾向。可是林紓呢，在庸俗這一面，如對鬼狐神道的看法，很有點像蒲松齡。但蒲松齡的民主思想，林紓卻一點也沒有。相反，他大力宣揚封建禮教，對統治者的殘暴無絲毫的揭發。總之，兩人不能相提並論。

在寫作技巧上，林紓雖也有一定的成就，即人物故事的描述，有時很娓娓動聽，但與《聊齋誌異》相比就有天淵之別了。原因是篇中的人物故事大抵係作者主觀臆造出來的，那些人物都是作者用以宣揚封建禮教和封建迷信的傳聲筒，而缺乏現實生活的基礎，其結果不論

是人物或故事情節都不免流於公式化、概念化，而這正是他的反現實主義的創作方法所造成的。

一九○五年後，還湧現出許多資產階級革命小說，其中陳天華的《獅子吼》、黃小配[21]的《洪秀全演義》、《大馬扁》和署名頤瑣的《黃繡球》成就稍高。這些小說在宣傳資產階級民主革命方面作出一定貢獻，但藝術成就卻不高。

辛亥革命時期，革命知識分子有意識地企圖通過詩歌宣傳革命思想。著名的女革命家、文學家秋瑾[22]寫了大量詩歌，表現她堅定的革命意志和沸騰的愛國熱忱。「拚將十萬頭顱血，須把乾坤力挽回」的詩句，充分表現秋瑾為革命準備獻身的精神。中國同盟會成立後，一些會員為了宣傳民主革命思想，一九○九年底在蘇州成立南社，發起人有陳去病[23]、高旭[24]、柳亞子[25]、蘇曼殊等人，黃興、宋教仁、馬君

---

21 黃小配，近代小說家。廣東番禺人。作品暴露晚清政治黑暗，同情太平天國農民運動。著有《官海升沉錄》、《廿載繁華夢》、《洪秀全演義》等。

22 秋瑾（1879-1907），號鑒湖女俠，浙江紹興人。出身官僚地主家庭。在民主革命思想的影響下，一九○四年衝出封建家庭，離開丈夫，赴日本留學。一九○五年先後加入光復會和同盟會。一九○六年回國，先後任潯溪女學校、中國公學教員，並創辦《中國女報》，宣傳資產階級革命和婦女解放。一九○七年主持紹興大通學堂，籌組光復軍，配合徐錫麟準備武裝起義。同年，徐錫麟在浙江、安徽起義失敗，她以同黨罪被捕，在紹興軒亭口英勇就義。秋瑾是我國資產階級民主革命的先驅者之一，儘管她思想認識有某些局限，但她的熾烈的愛國熱情和英勇犧牲精神卻是難能可貴的。她寫了不少宣傳革命的文章，義正辭嚴，質樸明朗。所作詩歌，抒發政治抱負，充滿憂民憂國的感情，慷慨悲壯，富有感染力。作品收集在《秋瑾集》中。

23 陳去病（1874-1933），近代詩人。江蘇吳江人。早年主張變法維新，後參加同盟會。南社創始人之一。其詩頗多悲憤國事之作。辛亥革命後，曾任江蘇革命博物館館長，繼任東南大學教授，政治思想漸趨消極。創辦《二十世紀大舞臺》雜誌，提倡戲劇改革。

24 高旭（1877-1925），近代詩人。字天梅，上海人。南社創始人之一。寫過不少宣傳資產階級民主革命的詩篇。假託石達開之詩二十首，頗為流傳。後期意志漸趨消沉。著有《天梅遺集》等。

25 柳亞子（1886-1958），詩人。江蘇吳江人。清末秀才，同盟會會員，南社社長。曾

武[26]等也曾參加活動。社名取「操南音不忘其舊」之意，鼓吹資產階級民主革命，反對清王朝專制統治。早期參加者十四人均是同盟會會員，其後社員達千餘人。南社是我國文學史上第一個革命文學組織，它在鼓吹反清、反袁以及文學與革命結合上有一定功績。南社的成立和發展，意味著文學為革命服務的目的性更明確，文學的戰鬥性和群眾性也大大加強。一九二三年因內部分化而停止活動。社員所作詩文輯為《南社叢刻》二十二集。社員高旭的〈盼捷〉詩曰：「龍蟠虎踞鬧英雄，似聽登臺唱大風。炸彈光中覓天國，頭顱飛舞血流紅。」歌頌武裝鬥爭，表現人民盼望勝利、希冀在炸彈光中創造新世界的心情。馬君武寫的〈京都〉激昂慷慨，「欲以一身撼天下，須於平地起波瀾」，抒發他決心改變中國黑暗狀況的願望。柳亞子在〈孤憤〉中怒斥袁世凱及籌安會一夥「豈有沐猴能作帝，居然腐鼠亦秉時」；「宵來忽作亡秦夢，北伐聲中起誓師」，決心推翻袁世凱的專制統治。

五 「五四」前新文化運動的興起

一定的文化是一定社會的政治和經濟在觀念形態上的反映。「五四以前，中國的新文化，是舊民主主義性質的文化，屬於世界資產階

任孫中山總統府秘書、上海通志館館長。「四‧一二」蔣介石叛變革命後，被通緝，逃亡日本。一九二八年回國後從事反蔣活動。抗日戰爭時期，與宋慶齡、何香凝等從事抗日民主活動，被國民黨開除黨籍。抗戰勝利後，在香港繼續進行民主革命活動。建國後，任中央人民政府委員、全國人民代表大會常務委員會委員。所作詩詞，具有反對國民黨統治、歌頌新社會的愛國精神。著有《磨劍室詩集、詞集、文集》。

26 馬君武（1882-1939），名和，字貫公，廣西桂林人。初留學日本，學工藝化學，參加同盟會。後去德國，習冶金。民國初年任孫中山臨時政府實業部次長，後經營工業。晚年任廣西大學校長。愛好文學。其詩格律自由，並用詩歌體例翻譯拜倫、席勒等人作品，著有《馬君武詩稿》。

級文化革命的一部分」。「在五四以前，中國文化戰線上的鬥爭，是資產階級新文化和封建階級舊文化的鬥爭」。「五四」前的新文化運動，是辛亥革命在文化思想領域中的延續。十月革命和「五四」運動以後，文化運動的性質發生了質的變化。

新文化運動，「不是幾個青年憑空造出來的」，而是以中國舊民主主義革命的整個歷史發展為基礎，「應經濟的新狀態、社會的新要求發生的」。「五四」運動前夕，新舊思想正在醞釀一場激戰。辛亥革命的結果，雖然推翻了清王朝，建立了中華民國，但是，一切依舊未變。從思想文化方面說，帝國主義勾結封建主義，在文化領域內掀起一股「尊孔復古」的逆流，提倡所謂「保存國粹」。袁世凱的北洋政府祭天祀孔，康有為主張把孔教列為國教，黃色文學和神怪小說充斥市場。在這股反動思潮面前，資產階級表現得軟弱無力。但是，中國人民看到「國家的情況一天一天壞，環境迫使人們活不下去。懷疑產生了，增長了，發展了」。怎麼辦，先進的中國人繼續尋求救國救民的新道路，繼續對封建文化進行猛烈的批判，於是，新文化運動迅速發展起來。新文化運動的旗手是李大釗、陳獨秀、魯迅等人。

陳獨秀（1880-1942），原名乾生，字仲甫，安徽懷寧人。出身於官紳地主家庭。幼年讀四書五經，十七歲中第一名秀才。次年赴南京參加鄉試，目睹考場種種怪現狀，即與科舉決裂。一八九七年入浙江求是書院攻讀新學，學的是法文和造船。不久因發表反清言論遭通緝，逃回南京、安慶。義和團運動後，轉變為資產階級激進民主主義者。一九○二到一九一五年，曾五次去日本，先後入東京正則英語學校和早稻田大學。這十幾年中，陳獨秀在國內外創辦報刊，組織革命團體，參加「拒俄義勇軍」和「暗殺團」，反對封建君主專制制度，宣傳資產階級民主主義。一九一五年九月回國，主編《青年雜誌》，提倡新文化。次年，應蔡元培之聘，任北京大學文學院院長。一九一

八年,與李大釗一起創辦《每周評論》,提倡民主與科學,提倡文學
革命,反對封建主義的舊思想、舊文化、舊禮教,抨擊北洋軍閥政府
的賣國政策,成為「五四」新文化運動的主要領導人之一。「五四」
以後,接受並宣傳馬克思主義,一九二○年夏在上海成立共產主義小
組,是中國共產黨的創始人之一。在黨的一次至五次全國代表大會
上,先後當選為中央局書記、中央執行委員會委員長和總書記。一九
二七年黨的八七會議上被撤銷總書記職務。一九二九年十一月被開除
出黨。

李大釗(1889-1927),字守常,河北樂亭人。一九○七年入天津
北洋法政專門學校,一九一四年留學日本早稻田大學政治科。一九一
五年初,參加留日學生反對日本提出滅亡中國的「二十一條」的鬥
爭,次年五月回國,投入反袁世凱稱帝的鬥爭。一九一六年春,發表
著名論文〈青春〉,號召青年「以青春之我,創建青春之家庭,青春
之國家,青春之民族,青春之人類,青春之地球,青春之宇宙」,「為
世界進文明,為人類造幸福」。李大釗歷任北京《晨鐘報》總編輯、
北京大學經濟學教授兼圖書館主任、《新青年》雜誌編輯。俄國十月
革命後,是最早接受馬克思主義的思想家和革命家。一九一九年,參
加並領導「五四」運動。一九二○年三月,發起成立北京馬克思主義
學說研究會,是中國共產黨創始人之一。一九二四年,為改組國民
黨、實現國共合作作出重要貢獻。在中國共產黨二次至四次全國代表
大會上均當選為中央委員。一九二七年四月六日被軍閥張作霖逮捕,
二十八日在北京英勇就義。著有《李守常文集》、《李大釗選集》。

魯迅(1881-1936),字豫才,原名周樹人,浙江紹興人。出身於
沒落士大夫家庭。少年時期受過詩書經傳的教育,一八八八年去南京
求學,受到進化論思想的影響。一九○二年留學日本,原學醫,後認
為文藝最能改變國民精神,改學文學。一九○六年加入章太炎組織的

光復會，一九〇七年發表著名論文〈文化偏至論〉。一九〇九年回國，在杭州、紹興任教。武昌起義後，在南京臨時政府教育部和北洋政府教育部任職，兼北京大學、女子師範大學教授。一九一八年任《新青年》編輯。同年五月發表白話小說《狂人日記》，後又發表《孔乙己》、《阿Ｑ正傳》。一九二〇年後，一面創作一面教書，並研究古典文學。一九二六年被迫離開北京去廈門大學任教。一九二七年一月到中山大學任教，同年九月離粵抵滬。一九三〇年發起成立「左聯」。一九三五年十月紅軍長征到達陝北，他和茅盾聯名致電祝賀，堅決擁護黨的抗日民族統一戰線政策。一生大部分精力用在雜文創作上。他把革命的思想內容和白話文的形式很好地結合起來。他的雜文內容深刻，筆鋒明快，短小精悍，為中國的新文學奠定基礎。一九三八年出版《魯迅全集》二十卷。毛澤東說：「魯迅是中國文化革命的主將，是我們的民族英雄，他的方向就是中華民族新文化的方向。」

一九一五年九月，陳獨秀主編的《青年雜誌》創刊（共出六期，從一九一六年九月出版第二卷起，改名《新青年》），標誌著新文化運動的開始。李大釗、魯迅為其寫稿。

新文化運動舉起民主（德莫克拉西）和科學（賽英斯）兩面大旗。這兩個基本內容，在激進的民主主義者陳獨秀發表的〈敬告青年〉那篇綱領性文章中就已提出。〈敬告青年〉一文，痛數中國社會的黑暗，向青年提出六點希望和要求：一、自由的而非奴隸的；二、進步的而非保守的；三、進取的而非隱退的；四、世界的而非鎖國的；五、實利的而非虛文的；六、科學的而非想像的。當時提倡的民主，就是資產階級民主政治，以法國為榜樣，反對君主專制和軍閥獨裁，反對封建倫理道德。當時提倡的科學，是指自然科學和看待客觀事物的科學觀點，反對迷信、盲從和武斷，樹立積極進取和科學的精神。陳獨秀說：「科學之興，其功不在人權說下，若舟車之有兩

輪。」就是說提倡民主，必須同時提倡科學，提倡科學必須同時提倡民主。民主是專制主義的對立物，科學是蒙昧主義的對立物。提倡民主與科學，就是以資產階級的民主政治來反對封建地主階級的專制統治，以資產階級認識事物的科學法則來反對封建迷信和蒙昧主義。

針對猖獗一時的尊孔復古逆流，《新青年》的作者們揭起打倒孔家店的大旗，因為孔學是封建專制制度的精神支柱，政治上的反君主專制和思想上的反封建禮教是不可分割的。陳獨秀在袁世凱搞帝制活動時發表〈一九一六年〉一文，反對儒家的「三綱」和忠、孝、節、義等封建道德。又發表〈孔子之道與現代生活〉等文章，論述封建禮教與民主政治不可兩立；孔子之道與共和制度以及現代生活是直接對立的。說尊孔、定孔教為國教，既違反思想自由的原則，又違反宗教信仰自由的原則。李大釗也相繼發表〈憲法與思想自由〉、〈孔子與憲法〉等文章，指出孔子被歷代皇帝看成是「保護君主政治的偶像。反孔子並不是反孔子本人，而是反歷代帝王所塑造的偶像權威」。

在《新青年》上發表反封建禮教文章的還有吳虞。吳虞（1871-1949），字又陵，四川新繁人。一九○六年留學日本，回國後任成都府中學堂教習。「五四」運動前後，在《新青年》雜誌發表〈吃人與禮教〉、〈家族制度為專制主義之根據論〉等文章，對封建禮教和舊文化進行評擊。一九二○年任北京大學教授。晚年在四川大學任教。著有《吳虞文錄》。吳虞主要攻擊的是封建家族制度和封建倫理道德，他認為孔教是中國家族制度的產物，而家族制度則又是專制主義的基礎。他說，封建倫理道德「誠不減於洪水猛獸」，把封建禮教斥之為「吃人的禮教」。

一九一八年五月，魯迅在《新青年》上發表他的第一篇白話文小說〈狂人日記〉，通過小說中「狂人」的形象，對舊禮教、舊道德進行徹底的揭露和無情的鞭撻。他指出，隱藏在封建仁義道德後面的全

是「吃人」兩字，中國二千多年來封建禮教的統治是一部吃人的歷史。他說，那些吃人的傢伙，「話中全是毒，笑中全是刀」，「講道理的時候，不但唇邊還抹著人油，而且心裏滿裝著吃人的意思」。

新文化運動另一重要內容是反對舊文學，提倡新文學；反對文言文，提倡白話文。

新文化運動影響逐漸擴大，新文學運動也隨之興起，提出以資產階級新文學代替封建主義舊文學的主張。文學革命的主將是魯迅。魯迅發表在《新青年》上的作品，開創了中國文學史的新時期。

文學革命包括文學的內容和形式兩個方面。胡適在〈文學改良芻議〉一文中提出文學改良的八項主張：「不講對仗」、「不用典」、「不避俗語俗字」、「不用陳套語」、「須講求文法結構」、「須言之有物」、「不做無病呻吟」、「不摹倣古人」。著重於文體形式的改革，要求廢駢、廢律，以白話文代替文言文。至於文學內容方面，他主張文學要有「高遠的思想」、「真摯的感情」，要「實寫今日社會之情況」，要「奮發有為」。陳獨秀則不同，他一九一七年二月在《新青年》上發表〈文學革命論〉，旗幟鮮明地提出文學革命的三大主義，主張把文學的革新與政治的革新聯繫起來，推倒雕琢的阿諛的貴族文學，建設平易的抒情的國民文學；推翻陳腐的鋪張的古典文學，建設新鮮的立誠的寫實文學；推翻迂腐的艱澀的山林文學，建設明瞭的通俗的社會文學。要求從內容到形式全面進行一次革命。關於文學的形式問題，當時主要是白話文與文言文之爭。《新青年》從四卷一號（1918年1月）起改用白話文，採用新式標點符號，開始刊登一些新詩。魯迅在自己的創作實踐中，出色地將反封建的革命內容和白話文的形式結合起來，樹立了新文學的典範。

初期的新文化運動，仍屬資產階級的新文化和封建階級的舊文化的鬥爭。領導這個運動的是小資產階級激進的民主主義者，由於他們

的階級局限性和時代局限性，因而給運動帶來嚴重的弱點：運動局限在思想文化領域裏，沒有形成一次政治運動，同時只局限在知識階層，沒有普及擴展到全國人民中去；流行著嚴重的形式主義看問題的方法，不能批判地繼承中國文化遺產。認為中國文化一切都壞，西洋文化一切都好，有人甚至提出「全盤西北」的錯誤主張。

新文化運動的深遠意義在於它是又一次思想解放潮流，起著巨大的啟蒙作用，為馬克思主義的傳播創造有利條件。「五四」前的新文化運動，隨後轉變成為一個廣泛宣傳馬克思主義的運動，《新青年》也逐漸變成宣傳馬克思主義的刊物，陳獨秀、李大釗便成為馬克思主義的宣傳家和中國共產黨的創始人。

十月革命一聲炮響，給我們送來了馬克思列寧主義。偉大的十月革命開闢了人類歷史的新紀元，對中國革命也產生了極大的影響。一九一七年十一月十日，上海《民國日報》就載有「突如其來之俄國大政變」的報導。一九一八年二月，中國報紙登載蘇維埃宣佈廢除不平等條約的消息，給中國人民以極大的鼓舞。

以孫中山為首的中國資產階級革命派，對十月革命表示真誠的同情和歡迎。《民國日報》一九一八年元旦社論中說：「吾人對於此鄰之大改革，不勝其希望也。」同年，孫中山致電蘇維埃政府和列寧：「中國革命黨對貴國革命黨所進行的艱苦鬥爭表示十分欽佩，並願中俄兩黨團結共同鬥爭。」

激進的民主主義者李大釗，成長為具有初步共產主義思想的知識分子，並系統地向中國人民介紹馬克思主義，有力地推動了新文化運動的發展。一九一八年十月，他發表〈法俄革命之比較〉，指出俄國社會主義革命和法國資產階級革命的區別。同年十一月，他又發表〈庶民的勝利〉的演說和〈布林什維主義的勝利〉一文，熱情地謳歌十月革命是「社會主義的勝利，是布林什維主義的勝利，是赤旗的勝

利，是世界勞工階級的勝利，是二十世紀新潮的勝利！」「我們在這黑暗的中國、死寂的北京，也彷彿分得那曙光的一線，好比在沉沉深夜中得一個小小的明星，照見新人生的道路。」一九一九年五月，《新青年》六卷五號上發表他的長篇論文〈我的馬克思主義觀〉，初步介紹馬克思主義的三大原理。自此，中國人開始把眼光從西方轉向蘇俄，明確中國革命的前途必須走十月革命的道路，從而促進並引導中國新民主主義革命新時期的到來。

第四章
學校教育

一　近代教育的產生

　　鴉片戰爭前的教育因襲明制，以科舉為主幹，輔之以學校，學校成為科舉入門的階梯。清朝的各類學校，在中央有國子監和為八旗子弟設的官學，在地方有府學、州學、縣學，各地還有由國家設立的大小書院或小學、社學、義學，此外，還有私人設立的經館、私塾或小學、社學、義學。各類學校的學生，都要參加科舉考試取得功名。各種名目的學校只是科舉的附庸，學制和教育內容完全服務於科舉考試。

　　清代的科舉制度與明代大致相同。讀書人為了取得參加正式科舉考試的資格，先要參加童試，參加童試的人稱為儒童或童生，入取後稱為生員，又稱為庠生，俗稱秀才。正式的科考分為鄉試、會試、殿試三級。鄉試通常每三年在各省省城舉行一次，參加鄉試的是秀才，鄉試取中後稱為舉人。舉人在鄉試後的第二年春天在禮部參加會試，取中後稱為貢生。鄉試、會試主要考八股文和試帖詩等。殿試是皇帝主試的考試，參加殿試的是貢生，取中後統稱為進士，頭名為狀元，第二名為榜眼，第三名為探花。狀元授翰林院修撰，榜眼、探花授翰林院編修，其餘諸進士再參加朝考，分別授庶起士、主事、知縣等職。清代的八股取士，嚴重地束縛人們的思想，造出一批批庸才。

　　清代考試越到後來越流於形式，到了清末，考課只具虛文。嚴復撰文批評說，教授、訓導只是點點名，收計「贄幣」而已。嚴重的考試舞弊現象，已司空見慣，習以為常。嚴復在〈救亡決論〉中指出，

當時普遍存在著「打通關節」（買通考官）、「頂替」（冒名頂替）、「借槍」（請同考人代做）、「聯號」（買通編號人，把自己和幫手的號碼編在一起）等作弊形式。到了後來，有錢人可以買貢生、監生、舉人。清代實行「文字獄」，不許士人定盟結社，不許隨意刊刻文字，不許議論時政，否則要治罪。文字獄束縛了人們的思想，逼迫人們去鑽故紙堆。

總之，清末的教育制度、教育思想、教育內容和方法是陳腐衰朽的，嚴重阻礙文化教育事業的發展。鴉片戰爭後，西方資產階級教育思想的傳播，不斷衝擊中國的封建教育思想和制度。一部分開明地主和知識分子，曾針對陳腐的封建教育制度，提出過改革教育、學習西方的主張。龔自珍反對尋章摘句、專事考據、不問政治的不良風氣，提倡「經世致用」之學。魏源在《聖武記》十一卷中也主張廢除八股，學以致用。睜眼看世界的第一人林則徐，曾提出剿夷八字要言：器良、技熟、膽壯、心齊。地主階級改革派的代表人物魏源，提出「師夷之長技以制夷」的可貴思想。他們是近代中國教育改革的先驅者，但卻沒有也不可能動搖根深蒂固的舊教育制度。

太平天國對封建教育進行猛烈地衝擊，實行普遍的平等的教育，重視婦女兒童教育和人民群眾的教育。為使男女老少都有受教育的機會，每周對人民進行愛國主義的政治宗教教育。家中童子俱至禮拜堂，由兩司馬教讀《舊遺詔聖書》、《新遺詔聖書》及《真命詔旨書》。凡禮拜日，伍長各率男女至禮拜堂，分別男行女行，聽講道理。太平天國在城市設有義學和育才館，並編有《幼學詩》，作為教育兒童的課本。太平天國實行的科舉考試，不分男女貴賤都可以參加。考題主要出自天朝頒佈的官書。分殿試、鄉試兩種。鄉試由鄉官軍帥典試，鄉官參加取仕工作。此外，太平天國還實行招賢、保舉制度。後期曾接受資產階級改良派容閎的建議，有計劃地推行西方的學

校制度，曾設立各級學校和各種實業學校、武備學校、海軍學校。當時，極力挽留容閎留天京為太平天國服務，藉以實現他所建議的新教育計劃。但容閎認為太平天國沒有建設新國家之能力，謝絕留天京工作。洪仁玕著的《資政新篇》裏，還主張設立郵亭、新聞館、書信館、士民公會、學館等，獎勵設立「跛盲聾啞院……教以鼓樂書數雜技」，發展文化教育事業。然而，農民知識分子領導的太平天國，不可能從根本上改造腐朽沒落的封建教育制度，創立新的教育體系。

　　十九世紀六〇年代以後，洋務活動中對外交人才和科技人才的需求，直接推動洋務派開創新式教育。他們主張學習西方的語言文字和科學技術，衝破頑固派的種種阻撓，仿傚西方興辦一批新式學堂。這些學校的學習內容側重於「西文」與「西藝」，是和傳統科舉相對立的。

　　洋務運動時期是我國教育發展的一個新時期，洋務教育是對中國傳統教育思想的一次猛烈衝擊，對中國近代教育有不可忽視的重大影響。一八六二年七月十一日，京師同文館在北京正式開學，以後各類學堂應運而生。新式學堂的創辦，是洋務教育的一項重要內容。它的產生有特定的外在和內在的社會歷史條件，並且適應當時國情的需要。

　　中國近代學習西方語言知識的學校，最早可以推到一八六二年建立的京師同文館。同類學校還有上海廣方言館（1863年設立，曾請美國傳教士林樂知任教習）、廣州同文館（1864年設立）、湖北自強學堂（1893年）、新疆俄文館、臺灣西學館、琿春俄文館等。京師同文館是一所外語學校，開始學英文，後又開設俄、日、法、德等國語文。一八六六年經奏准增開算術、天文、化學、物理、萬國公法、醫學、生理等課程。學制八年。從淺到深、循序漸進，學習十多門課程。畢業後按成績獎授功名。學生最初僅有十人，後增至一百二十人。一九

○一年併入京師大學堂。該館聘請美國傳教士丁韙良[1]任總教習兼「公法」教授，直至中日甲午戰爭爆發時卸職，長達二十五年。同文館是我國近代第一所新型的半殖民地式學校，為國家培養了一批急需的外語人才，也促進國際友好往來。但同文館的設立觸犯了舊文化、舊傳統，遭到頑固派的百般阻攔，還經歷了一場大論戰。

最初，同文館是專為培養外交翻譯人員的外國語學堂，一八六六年，奕訢等大官僚要求增設天文算學館，但遭到大學士倭仁的反對。經過反覆辯爭，天文算學館得以增設，從此同文館由單一的外語學堂變成綜合性的專科學校，首次引進西方自然科學，並作為教學主要內容。以後不僅招收幼童，還招收三十歲以下科舉出身的正途人員。開始只有十名學生，最多時達一百二十人。

同文館的課程內容分為文字、天文、輿圖、算學、化學、格致六大門類。考試不僅有筆試，還有面試，有月考、季考、歲考、大考。同文館教習大多是外國人，傳教士實際上控制著這所學校。洋務派創設同文館，將西文和西藝引入課堂，這是對中國傳統儒學的一次大革新。同文館的創立對中國教育的發展具有劃時代的意義，它是我國古代教育和近代教育的分界線。同文館是中國新教育的胚胎，為中國教育開闢一條新的途徑，可以說同文館是中國新教育的始祖。

洋務運動期間，隨著軍事工業的創辦，還湧現了專業技術學校和軍事學校。比較著名的有：上海江南製造局附設的機械學校（1865年）、福建馬尾船政學堂（1866年）、北洋水師學堂（1880年）、天津

1　丁韙良（1827-1916），美國基督教傳教士。一八五○年被派來中國，在寧波傳教。第二次鴉片戰爭時任美國公使列維廉的翻譯，參與起草《中美天津條約》。一八六九到一八九四年在北京任同文館總教習，一八九八到一九○○年任京師大學堂總教習。義和團運動時，主張各國劃定勢力範圍，宰割中國。一九一六年死於北京。著有《花甲憶記》等。

武備學堂（1886年）、廣東陸師學堂（1886年）、廣東水師學堂（1887年）、天津電報學堂（1879年）、上海電報學堂（1882年）、天津軍醫學堂（1893年）、湖北武備學堂（1895年）、南京陸軍學堂（1895年）、湖北鐵路局附設化學堂、礦學堂（1892年）和工藝學堂（1898年）、山海關鐵路學堂，等等。這些學校都設有自然科學和工業技術課程，最有力地衝擊傳統的科舉取仕，其進步意義不可低估。這些學校培養成批的外交和軍事技術人才，翻譯一批西方自然科學和社會科學的書籍，有利於中西文化交流。

　　留學教育的開創，始於洋務運動時期。出於學習引進西方國家的先進的科學技術，培養急需的軍事技術人才的考慮，洋務派大官僚們曾先後派遣學生留學美、英、法、德、日等國。最早的是經湘系軍閥曾國藩奏請，一八七二年至一八七五年容閎率領幼童一百二十人赴美國學習軍政、船政、步算、製造諸學，期限十五年。全部是男生，而且多為南方窮困家庭的子弟，當時由於風氣未開，達官富家之闊少不願去。根據一八六八年《中美續增條約》第七條的規定，中國留學生在美國應享受優惠待遇，但美國當局違背條約，不准中國留學生進入陸海軍學校；同時，派去的學生年齡太小，學歷偏低，學制又過長；再加上國內封建頑固勢力的破壞（說留美學生全洋化了，不知道中國了），致使預定的留學活動半途而廢。一八八一年清政府下令提前召回留美學生，暫住美國者僅十人。派赴歐洲的留學生，始於一八七一年。經左宗棠、沈葆楨、李鴻章、張之洞反覆協商、奏請，一八七六年、一八八一年、一八八五年分三批共派出七十四人（其中福州船政局派出六十人），分赴英、法、德、比等國學習外語、造船、駕駛等技術。

　　洋務派大官僚們辦教育的目的是培養洋務人才。他們辦教育帶有濃厚的封建性，遵循的是「中學為體，西學為用」的宗旨，傳統經學

始終是各類學校的必修課程。所謂「中學為體，西學為用」，是張之洞根據李鴻章「變器不變道」的指導思想概括出來的。李鴻章指出：「取彼之長，益我之短，擇善而從。」西學在科學技術上優於中學，「如能轉相傳習，日漸通曉，則於中國自強之道似有裨助」。張之洞參與擬定的〈重訂學堂章程摺〉中提出：「立學宗旨，無論何等學堂，均以忠孝為體，以中國經史之學為基。」

　　洋務派為什麼要提倡「中體西用」的教育主張呢，張之洞的〈勸學篇·序〉提供了答案。為了維護清王朝的統治，挽救國家危亡，守舊與求新「莫衷於一」，只有採取折衷的「中體西用」方針，才是明智的做法。「中體西用」實際上就是使傳統的經史儒學教育思想，吸取西方近代科學技術、教學內容和教學手段，引進西學和西藝。同時，洋務教育也深深地打上了帝國主義文化侵略的烙印。但是，洋務派的教育改革，畢竟在封建制度上打開了一個缺口，使「新學」首次進入教育領域。洋務教育對中國封建專制主義教育是一個重大突破，是敢於引進西學、西藝的開始，其「第一次」開拓創新的歷史功績不可低估。新式學堂的創建和留學生的派遣，造就了像詹天祐、黃躍昌、鄭清濂、黃仲良、劉步蟾、薩鎮冰等中國第一代科技、軍事、外交方面的人才。

二　資產階級的教育思想和實踐

　　早期資產階級維新派容閎在〈予之教育計劃〉一文中，最早主張派聰明優秀的青年去美國留學。馮桂芬寫的〈改科舉議〉、〈採西學議〉等文章，認為中國欲求富強必先「改科舉」、「採西學」。早期維新派代表人物鄭觀應也曾提倡設立以自然科學為教學內容的新式學校，他在一八八四年寫的〈考試〉一文中建議：「仿照泰西程序，稍

微變通，文武各分大、中、小三等，設於各州縣者為小學，設於各府
省會為中學，設於京師者為大學。」他還提出廢八股改科舉的要求：
「文試不廢時文，武試不廢弓矢……以此而言富強，是欲南轅而北
轍。」一八七八年，張煥綸在上海創辦正蒙書院，課程分國文、輿
地、經史、時務、格致、數學、詩歌等科目，並廢用八股文。這是私
人設立的一所最早按西方分科設教的新型學校。

　　甲午戰爭後，一些官僚買辦也創辦幾所新式的公立的普通學堂。
其中著名的有天津海關道盛宣懷一八九五年在天津創辦的西學學堂
（一九○三年改為北洋大學堂）和一八九七年在上海創辦的南洋公學
（即上海交通大學前身）。這兩所學堂在當時是「最進步的教西學的
學校」。

　　戊戌變法時期，資產階級改革派的領袖康有為、梁啟超更完整地
提出教育改革的主張。康有為在〈上清帝第二書〉中指出：「泰西之
所以富強，不在炮械軍器而在窮理勸學」；教育可以培養「才智之
士」，而「才智之民多則國強，才智之民少則國弱」。他認為中國衰弱
的主要原因乃是教育不良。梁啟超則強調教育是變法的根本。他在
〈論變法不知本原之害〉一文中說：「吾今一言以蔽之曰，變法之本
在育人才，人才之興在開學校，學校之立在廢科舉。」他抨擊科舉制
度培養出來的人，「一無所志，一無所知，唯利祿是慕，唯帖括之是
學」。其結果，在激烈競爭的世界中，「人皆智而我獨愚，人皆練而我
獨暗」，只能「自求敗亡」。他認為，只有廢科舉興學校，培育人才，
方能實現君主立憲政體。康有為還在〈請開學校摺〉中建議仿德、日
學制，改各省書院為中學堂，改鄉鎮祠廟為小學堂；提倡新學，開設
近代先進的自然科學和社會科學，以培養急需的新型人才。梁啟超在
〈論科舉〉一文中，主張把學校出身與科舉出身等同起來，一視同仁
對待。

關於學校體制、教學內容和教學方法，康有為在〈請開學校摺〉一文中建議：鄉立小學，兒童七歲入學，實行八年義務教育，兒童「不入學者，罰其父母」。每縣設立中學，十四歲入學，分初等科兩年，高等科兩年。學習文、史、數學、地理、物理、歌樂等課程。初等科畢業後升入農、商、礦、林、機械工程、駕駛等專門學校。省設立專門高等學校，大學分四科：經學、哲學、法學和醫學。京師設規模較大的大學。梁啟超與康有為的主張差不多，但值得注意的是，梁啟超是我國最早系統提倡「教材教法」的教育家。他還特別強調思想教育的重要性，在他制定的〈湖南時務學堂學約〉裏規定「立志」的內容：求學目的不在科第衣食，而在以天下為己任，求「立人」與「達人」。梁啟超還指出，參觀、遊戲、體育、音樂是兒童教育的重要內容。相比之下，比起智育第一的教育思想是一個進步。

康梁維新派不僅設計新教育體系的藍圖，而且積極投入教育改革的實踐。他們創辦的萬木草堂、時務學堂、通藝學堂、經正女學等，從課程設置、教學內容到教學方法，都大膽進行改革嘗試。在教學內容中，除自然科學外，增加哲學、歷史、法律等學科；另增設體操、音樂，以促進學生德智體美全面發展；設有演說、討論，注重培養學生的能力。這些學校，名震一時，影響較大。

百日維新期間，光緒皇帝頒佈的有關教育改革的法令有：

廢除八股、考試策論，選拔「體用兼備」、「通經濟變」的人才。

籌辦高、中、小三級學堂，兼習中學和西學。

各省將省、府、州、縣的大小書院一律改為兼習中學、西學的學堂。紳民捐建學堂者予以獎勵。

籌辦京師大學堂，孫家鼐主管事務，聘請美國傳教士丁韙良任總教習。

設立農學會，刊發農報，創辦農務學堂。

出產絲、茶各地，設茶務學堂，蠶桑公院。

設立翻譯局和編譯學堂。

鼓勵出版書籍、報刊，皆予免稅；准許自由開設報館、學會；鼓勵上書言事。

籌設醫學堂。鼓勵興辦各種實業學校，獎勵新著作和新發明。

戊戌變法的失敗，使教育改革的成就受到很大限制，由於地方督撫的抵制，教育改革的各項詔令大部分沒有實行。但是，戊戌變法時期的教育改革，反映了向西方學習、發展資本主義的強烈願望。通過維新派的宣傳和實踐，西方資產階級的教育理論、教育制度以及教育方法，得到較為廣泛的傳播。戊戌變法失敗後，儘管慈禧太后下詔廢除各省學校，然而民間私立者絡繹不絕，新式學堂的興辦，已成為不可阻遏的潮流。

一八九八年戊戌變法期間，光緒皇帝頒佈詔令，廢除各地書院，改設學堂。變法失敗後，京師大學堂是唯一保留下來的最早的一所國立大學。原計劃設道學、政學、農學、工學、商學等十科，封建頑固派實際只辦了詩、書、易、禮四個班，春、秋兩期，仍和舊時書院差不多。一九〇〇年八國聯軍打進北京，該校被迫停辦，一九〇二年復校。畢業生分別授給貢生、舉人、進士頭銜。辛亥革命後改為北京大學。以後，雖然日本和歐美各國的教育制度被譯介到中國來，但在一九〇二年以前，全國還沒有統一的學制和健全的學校制度。一九〇三年，清朝政府頒佈《欽定學堂章程》，才開始有了在全國範圍內實行的統一學制，並促使全國大、中、小學都有較大的發展。一九〇五年八月，在各方面壓力下，清朝政府下令廢除科舉制度，盛行一千三百年的封建教育制度終於結束了歷史使命。

二十世紀初，資產階級革命派為了培養人才，擴大活動據點，也陸續辦了一批學校。其中著名的有蔡元培於一九〇二年在上海創設的

愛國學社，宣傳民權思想和反清革命，並對學生進行軍事訓練。徐錫麟在浙江紹興先後創辦熱誠小學、越群公學和大通學堂。大通學堂一九○五年九月由革命黨人徐錫麟、陶成章創設於紹興，招收金華等地的會黨成員入校，施以短期軍事教育，並學習國文、英文、日文、歷史、輿地、理化等課程。一九○七年二月改名大通體育學堂，成為中國最早的一所軍事體育學校。革命黨人秋瑾曾任該校監督，並以此為據點聯絡會黨，從事武裝起義的準備工作。

除了中國自辦的學校外，外國人也在中國開設學校，目的是進行奴化教育，培養在華代理人，以維護他們在中國的殖民統治。來華的外國傳教士大多兼辦教育。十九世紀四○到五○年代，上海、福州、天津、寧波等地先後設有教會學校。一八六八年《中美續增條約》（即《蒲安臣條約》）簽訂後，美國在華開辦學堂合法化。到十九世紀末二十世紀初，美國傳教士在中國開辦大學，著名的有齊魯、金陵、聖約翰、東吳、嶺南等。教會學校發展很快，一九○五年，僅基督教控制下的學校就達二千五百所。

二十世紀初，留學教育進一步發展，並形成一個高潮。一九○五年，清政府設立學部以後，制定了留學章程，對留學生資格、管理、獎勵作了明確規定，形成新的留學制度，從而掀起了留學高潮。這一時期，去日本的留學生最多，一九○六年達一點五萬餘人。隨後，由於日本政府勾結清朝政府限制、迫害留學生，大多數留日學生紛紛回國。一九○九年，美國為了緩解、削弱中國人民的反美情緒，決定「減免」庚子賠款的大部分，改充中國留美學生的教育費用，自此，留美學生驟然增多，形成留美熱潮。第一次世界大戰（1914-1918）期間，在吳玉章、蔡元培等人的組織和推動下，出現了留法勤工儉學運動。派遣留學生和自費留學人員的增加，對近代中國科技的發展和社會的進步，起過巨大的推動作用。留學生中確有一些人變成為帝國

主義效勞的洋奴，但也有許多人參加革命，如在留日和留法勤工儉學的學生中，就湧現出不少傑出的革命家和愛國者。留學教育還造就了中國近代文化事業奠基人，在外交界、科技界、教育界及軍事界都留有他們創業的足跡。

三　清末教育的初步發展

一九〇二年以前，全國雖然已經建立一批新式學校，但是尚無統一的學制。一九〇三年，清政府正式頒佈張百熙[2]、張之洞、榮慶重新擬定的《欽定學堂章程》，即「癸卯學制」，內容包括學校體系、課程設置、學校管理諸方面。共分三段七級，為半封建半殖民地教育體系奠定基礎，是中國第一個統一的學制。但學制過長，且保留明顯的封建性。教育宗旨是「忠孝為本，經史為基」。女子教育被歸併在家庭教育中。「癸卯學制」對中國學校教育影響很大，清末民初的新型學校教育制度，主要以此為依據。「癸卯學制」規定小學（包括幼稚教育）九年，中學五年，高等學堂和大學預科三年，分科大學三年至四年，通儒院五年，共計二十五年。七級係指初等教育三級、中等教育一級、高等教育三級。課程設置增開算學、歷史、地理、物理、化學、外語等課程，體育被列為必修課。高等教育實行分科制。在教學方法上，用編班授課制代替傳統的個別授課制。

「癸卯學制」公佈後，清政府繼續對教育體制進行調整和完善。一九〇七年頒佈《女子小學章程》和《女子師範學堂章程》。一九〇九年，分別在西藏、蒙古設立公立學堂。

2　張百熙（1847-1907），湖南長沙人。同治進士。中日甲午戰爭時，上書彈劾李鴻章妥協投降。後遷任內閣學士。戊戌變法時，因薦舉康有為獲罪，被革職留任。義和團運動後，疏請改官制、理財政、變科舉、辦學堂、設報館。後歷任工部、吏部、戶部、郵傳部尚書，政務、學務、編纂官制大臣等職。

此外，設譯學館、方言學堂，修學年限五年，還設有為進士學習新知識的進士館，官員學習新知識的仕學館。均屬高等教育性質。

一九〇五年，正式成立全國教育行政機構──學部（舊有國子監併入）。

一九〇六年，裁撤各省提督、學政，另設提學使司，專管全省教育事務。又於府、州、縣設勸學所作為教育行政機關，勸導地方人士興建學堂。

一九〇六年，清政府的學部明確規定五條教育宗旨：「忠君」、「尊孔」、「尚公」、「尚武」、「尚實」，並且明確規定以鞏固封建統治為目的的教育方針。同時，資本主義教育制度中的考試制、陞降級制被廣泛採用。

這一時期，按「癸卯學制」興辦各級各類學校。據一九〇九年的統計，官辦學校總計一百二十三所，學生二萬二千二百六十二人，法科學生占一半以上。據一九一〇年統計，清政府設立的師範學校四百一十五所，學生二萬八千五百七十二人。

甲午戰爭後，留學教育有了進一步發展。一九一〇年九月，清政府流亡西安時，曾通令各省選派留學生，學成後分別賞給進士、舉人。一九〇二年十月，清政府督促各督撫選派學生赴西洋各國留學。一九〇五年，科舉制度正式廢除後，許多出身富家官宦家庭的姐妹都去日本留學。一九〇六年，清政府學部規定留學資格，大力提倡師範和政法教育，所以，留學生學習政法和六個月短期師範的較多。一九〇七年，江蘇省舉行留學考試，考取男生十名，女生三名，這是女生官費留學的開始。

一九〇五年九月二日，清政府上諭「自丙午科為始，所有鄉試、會試一律停止，各省歲科考試亦即停止」。寥寥數語宣告科舉制度的壽終正寢。科舉制度自隋朝創始，曾起過積極作用，但明清以來日漸

腐朽衰敗，不能擔當甄選與教育兩大重任。二十世紀初，清政府籌辦新政，再次提出廢除科舉的要求。

首先，新政在一定程度上促進了資本主義的發展，增加社會對新科技人才的需求。科舉制度無法培養和選拔這類人才，例如僅船政駕駛、製造技術，就要求掌握數學、力學、光學、熱學、化學、電磁學、地質學、航海術等十幾門專業知識，卻無一項是科舉考試的專案。

其次，新政中對官制的改革，產生了對新型政治人才的需求。到一九〇六年，清政府已先後設立外交部、商部、巡警部、學部、民政部、陸軍部、法部、郵傳部等新型機構，需要大批專門人才。

為瞭解決上述尖銳的矛盾，清政府一方面責令各省督撫儘量多派學生出國留學，另一方面決定對進士、舉人重新進行教育（進京師大學堂學習新知識），但這兩種途徑畢竟人數有限，面對社會巨大需求簡直是杯水車薪。要從根本上解決問題，只有創辦新學校，培養新型人才。

二十世紀初，廢除科舉的各項社會條件日益成熟：一、清廷的權力變動有利於廢除科舉。戊戌變法中反對廢八股的徐桐、剛毅、趙舒翹，或自殺，或被處死，頑固勢力幾乎被一摧而盡。相反，榮祿、劉坤一、張之洞、袁世凱、盛宣懷等滿漢大臣，則因「匡扶大局」，一併受賞。反科舉的主將皆手握重權，在清政府中佔有絕對優勢。二、新教育思潮的興起，新式學堂的普遍創辦和新學制的訂立，使中國出現科舉制的替代物。三、社會心理產生有利於廢除科舉的傾向。戊戌變法雖然失敗，但影響是很深遠的。一九〇〇年後各種主義迭出不窮，新報書刊競相發行，西方譯著迅速增多，知識分子對西方的政治、經濟、文化有了更多的瞭解。不少士人從《四書》、八股中解脫出來，知識分子和整個社會心理都在發生轉化。士農工商以士為首，知識分子唯一的價值取向是「萬般皆下品，唯有讀書高」，輕視工商

農，而十九世紀末像張謇中了狀元卻棄官經商。以前士人輕利重義，現在連狀元也重利，追求利潤，也務實，辦實業。一九○五年九月，直隸總督袁世凱同盛京將軍趙爾巽、湖廣總督張之洞、兩江總督周馥、兩廣總督岑春煊、湖南巡撫端方等封疆大吏聯名上奏，主張立即「停罷科舉」，不久，清政府批准了這個奏摺，延續了整整一千三百年的科舉制度至此才被廢除。

　　蔡元培（1868-1940），字鶴卿，號子民，浙江紹興人。出身於錢莊家庭，是著名的民主革命家、教育家和思想家。一八九二年中進士，授職編修。甲午戰爭後轉攻西學，曾留學德、法。戊戌變法失敗後，開始從事教育和革命活動。他曾在上海與章太炎等人創立中國教育會，並主持愛國學社和愛國女子學校。一九○七年留學德國，入萊比錫大學研究心理學、美術、哲學等學科。受德國古典哲學影響很深。一九一一年回國，任南京臨時政府教育總長，大力推行反封建的教育改革。一九一七到一九二三年任北京大學校長，積極貫徹「教育獨立」、「思想自由」、「相容並包」的原則。由於他的民主思想和作風，庇護了萌芽中的新思潮。他聘請激進的民主主義者陳獨秀擔任文科學長，李大釗、魯迅、胡適、錢玄同、劉半農、高一涵等都在北京大學任教。理科李四光、法科馬寅初等均各講其學，各抒己見。蔡元培堅持新文化運動，提倡白話文，宣導科學與民主，堅持學術自由、百家爭鳴的學風，為發展教育事業作出重大貢獻。

　　資產階級教育家蔡元培，最早提出以德育為中心的「五育」方針，並首次把美育提到十分重要的地位。他主張教育的目的應是使人的個性得到自然、自由的發展。為了反對封建專制主義，他提出「教育獨立」、「教授治校」、「學生自治」、「即工即學」、「自學自助」、「相容並包」等一系列重要原則，發展充實了中國教育理論。

　　蔡元培把教育的地位放在超乎政治之上，認為教育的任務高於一

切，其地位高於政治家、宗教家，甚至認為一個小學教員的責任「比總統還要大」。他還確定以道德教育為中心的教育方針。一九一二年七月，蔡元培在北京召開「臨時教育會議」，在演說中提出軍國民教育、實利教育、道德教育、世界觀教育、美感教育以及它們之間的關係。他說「五者以公民道德為中堅，世界觀和美育皆可以完成道德，而軍國民教育及實利教育則必以道德為根本」。什麼是公民道德，就是自由、平等、博愛。自由乃是最主要的道德。培養堅強的自由意志就能破除一切障礙，如「富貴不能淫，貧賤不能移，威武不能屈」乃是道德教育的最高目標。蔡元培極力提倡的「思想自由，言論自由」，是符合資產階級反封建反帝國主義的要求的。他又主張教育應脫離政黨和教會而獨立，認為在學校應當讓各種學派有自由發展、自由講學的機會，各種學術思想可以不問政治立場、學術觀點，都一體「相容並包」，從而促使一部分青年埋頭讀書，不問政治，但是對「五四」時期的新思潮也起了庇護作用，產生過積極影響。

他反對「注入式」的教學方式，特別重視自動、自學、自助、自己研究的方法。教師最重要的任務，是激發學生讀書的興趣，使學生樂於自學。

蔡元培是近代傑出的教育家。他強調思想自由、言論自由，是與當時反封建反北洋軍閥統治分不開的。他的資產階級教育思想雖然產生過不良影響，但在中國近代反帝反封建鬥爭中，也曾起過一定的積極作用，成績應當肯定。他棄官從教，為建立新的教育體系、改革舊的教育制度作出不可磨滅的貢獻。

一九一二年一月九日，南京臨時政府教育部成立，蔡元培任教育總長。全國臨時教育會議，通過《學校系統案》，接著頒佈《普通教育暫行辦法》、《普通教育暫行課程標準》，革舊布新，對清末教育進行重大改革。一九一二年九至十月，頒佈《小學校令》、《中學校

令》、《大學校令》及《師範教育令》，規定各級學校的宗旨、課程
等。規定初等小學可以男女同校，設立女子中學和女子職業學校。學
堂一律改稱學校。禁用清朝教科書。除高等師範外，允許私人興辦各
級各類學校。規定教育的宗旨是「注重道德教育，以實利教育、軍國
民教育輔之，更以美感教育完成其道德」。反對忠君、尊孔的封建教
育。確定新的學制系統，小學改為七年，中學四年，大學預科三年，
本科三年至四年，共十七年至十八年，比「癸卯學制」縮短八年左
右。一直實施至一九二二年的新學制，突出了反封建和教育平等的特
點，具有資產階級民主精神。

南京臨時政府重視師範教育、實業教育、普通教育、專業技術教
育。辛亥革命和教育改革促進民國初年教育事業的蓬勃發展。據統
計，一九〇九年各級各類學校五萬九千一百七十七所，在校學生一百
六十三萬九千六百四十一人；一九一二年，各類學校八萬七千二百七
十二所，在校生二百九十三萬三千三百八十七人；一九一四年，各類
學校發展到十二萬二千二百八十六所，在校生達四百零七萬五千三百
三十八人。少數民族教育和華僑教育也受到重視和優待，有了較快的
發展。

資產階級革命派的教育改革，奠定了現代化學制基礎。但是，袁
世凱竊國篡權後，教育領域中的復古逆流甚囂塵上，教育事業遭到很
大破壞。辛亥後的七年中，發生了袁世凱、張勳、段祺瑞三次復古活
動。每復古一次，「讀經」、「尊孔」即重提一次。袁世凱執政時，公
然恢復中小學讀經科目，把「效法孔孟」列為教育宗旨，並成立孔教
會，大肆祭孔。鬼神之說，極為流行，上海還設了靈學會，並出版
《靈學雜誌》。一時間，黃色文學和神怪小說充斥市場和學校，毒害
青少年。

面對復古倒退逆流，一批小資產階級激進民主主義分子挺身而

出，迎頭痛擊。從一九一五年起，陳獨秀、李大釗、魯迅等人發起「新文化運動」，舉起「打倒孔家店」和「科學」、「民主」兩面大旗；在教育領域提倡學習「近代西洋教育真精神」，再次通過《新青年》雜誌發動規模宏偉的反封建教育的鬥爭。

四　帝國主義文化教育的入侵與擴張

帝國主義各國對中國除了進行軍事、政治、經濟的侵略之外，「對於麻醉中國人民精神的方面，也不放鬆，傳教、辦醫院、辦學校、辦報紙和吸引留學生等，就是這個侵略政策的實施」。由於帝國主義在中國開辦學校，直接、間接地干預教育的發展方向，使中國近代教育深深地打上了半殖民地的烙印。

（一）鴉片戰爭前的馬禮遜學校

一八〇七年九月，英國基督教傳教士馬禮遜（1782-1834），被倫敦布道會首次選派來到中國廣州。他努力學習中國語文，仿傚中國生活方式，並將自己的名姓譯成漢字馬禮遜。一八一八年，他在南洋麻六甲創設華英書院，目的是「宣傳基督教，學習英文和中文」。馬禮遜曾把基督教聖經譯成中文，一九一四年出版《新約全書》[3]，一九一八年出版《新舊約全書》。一九一五至一八二三年編輯出版《華英字典》。在溝通英中文化方面付出不少勞動。他極力推行殖民政策，曾多次建議英國政府在中國自設法庭，以實現治外法權。他曾在英國東印度公司廣東商館任職二十五年，並行醫、傳教。一八二四年回國，一八二六年再次來華，一八三四年病死廣州。

3　《新約全書》，基督教《聖經》的後部分。基督教稱《聖經》的前部分為神與人所立的「舊約」，後部分為基督降世後神與人重立的「新約」，故名。

　　一八三九年，美國傳教士布朗在廣州開設一所小學，不久被迫遷
往澳門，稱馬禮遜學校，教習英文和中文。一八四二年又遷往香港。
學生中有容閎、黃寬、黃勝。一八四七年容閎、黃寬在布朗帶領下去
美國耶魯大學學習，容閎畢業後一八五四年回國，成為早期資產階級
改良派代表人物。黃寬在美國學習兩年後，考入英國愛丁堡大學醫
科，畢業後一八五七年回國，在廣州博濟醫院行醫，培訓了中國第一
代西醫人才，為中國的醫療事業作出貢獻。布朗畢業於耶魯大學，曾
在馬禮遜學校任教八年，系統地向中國學生介紹西學，他又促成中國
第一批學生留美學習，為中美文化交流作出貢獻。

(二) 教會學校的產生

　　鴉片戰爭後，依據不平等條約，外國傳教士大量進入中國。帶有
文化侵略性質的教會學校，相繼在香港、廣州、寧波建立。一八四四
年，受英國東方女子教育協進社派遣的阿爾德賽，最早在寧波開設教
會女子學校。一八四五年，美國長老會也在寧波建立一所學校，一八
六七年遷杭州，名為育英書院，後改稱之江大學。一八四九年，天主
教耶穌會在上海創辦徐匯公學。據統計，一八六七年教會學校已增至
八百所，學生約二萬人。這些學校多是小學，免費吸收貧困童稚，但
願入學者不多。

　　早期的教會學校一般不開英語課，因為第二次鴉片戰爭後反「洋
教」鬥爭遍及全國，「洋文」、「西學」不受歡迎。一八六五年，上海
英華學堂最早開設英文課。一八九三年，基督教各教派組織的中華教
育會在上海召開的第一屆年會上，德國傳教士花之安堅持主張要教英
語。此後，英語教學在教會學校尤其是在高等學校中逐漸普及，以此
吸引官僚富家子女到教會學校讀書，並向青年學生灌輸宗教迷信和崇
洋媚外的奴才思想。

　　從十九世紀七〇年代開始，傳教士們著力編寫宗教教學用書，如初小用的《教會三字經》、《耶穌事略五字經》、《聖道問答》；高小用的《福音史記讀本》、《舊約史記讀本》等。在教授英語和自然科學的同時，還強迫學生參加宗教活動，接受洗禮，加強奴化教育。

　　以前，西方國家在華設立學校是非正式的，沒有條約規定，從一八六八年《中美續增條約》後才正式取得在華設立學堂的特權。

　　一八六四年，美國長老會狄考文在山東登州設文會館，一八六六年，英浸禮會在青州設廣德書院，後來兩校合併名為廣文書院（設在濰縣），一九一七年改建為齊魯大學。

　　一八七一年，美國聖公會主教文氏設學堂於武昌，一八九一年命名為文華書院，後擴建為華中大學。

　　一八八九年，美國傳教士福開森[4]在南京開設匯文書院，後擴建為金陵大學。

　　一八七九年，美國聖公會合併上海培雅學堂和廣恩學堂，成立聖約翰書院，一九〇五年升格為聖約翰大學。

　　一八八一年，美國監理會教士林樂知[5]在滬創辦中西書院，一八九七年該會又在蘇州設中西書院，一九〇一年合併改名為東吳大學。

　　一八八五年，美國長老會在廣州設立格致書院，後擴展為廣東嶺南大學。

4　福開森（1866-1945），美國人。一八八六年來中國傳教。一八八八年在南京成立匯文書院，任監督。一八九七年被盛宣懷聘為上海南洋公學督學。一八九九年接辦上海《新聞報》。一貫以傳教、辦學、辦報為名，對中國進行文化侵略。一九〇〇年義和團運動時，充當兩江總督劉坤一的顧問，策動「東南互保」。北洋政府時期，曾任總統府顧問，一貫支持軍閥，挑動內戰，並盜竊大批中國文物。一九四一年太平洋戰爭爆發，被日軍拘禁於北平，一九四三年遣返美國。

5　林樂知（1836-1907），美國基督教（新教）傳教士。一八六〇年被派來中國。一八六八年在上海創辦和主編《中國教會新報》（1874年改名《萬國公報》，1883年停刊）。一八八九年《萬國公報》復刊後，仍由他任主編，直到一九〇七年為止。又在蘇州創辦東吳大學。著有《中東戰紀本末》、《文學興國策》。死於上海。

一八八八年，美國以美會在北京設立匯文書院，一八九三年公理
會在通縣設潞河書院，一九一九年合併成立北京燕京大學。

據上海在華基督教傳教士大會的報告，一八七六年基督教辦男
校、女校和傳道學校共三百五十所，有學生五千九百七十五人，一八
八九年學生增至一萬六千八百三十六人。天主教會辦的各類學校，一
八七八至一八七九年僅江西地區就有三百四十五所男校，學生六千二
百二十二人；二百一十三所女校，學生二千七百九十一人。一九○○
年前，直隸、山西、山東、河南四省教會辦中等學校三十餘所，初等
學校五百所，學生萬人以上。一八九九年全國有教會學校約二千所，
學生四萬人以上，中學占百分之三十，小學占百分之七十，並且開始
出現大學。一八五七年以後，多數教會學校已不再免費招收貧困學
生，而是盡力吸收買辦、商人及富家子弟入學，為帝國主義侵華培養
人才。

帝國主義通過辦教會學校，想要否定、征服中國固有文化，企圖
以基督教思想戰勝中國封建傳統思想。義和團運動以後，又採用「以
華治華」的策略，提倡尊孔崇儒，支持民國初年的孔教會。同時，大
力加強教會學校，使它們成為「模範」學校，對中國教育施加影響，
使中國教育沿著有利於帝國主義的方向發展。

（三）二十世紀初教會學校的擴大

一九一八年，教會學校比《辛丑合約》簽訂以前增加了四倍，多
達一點三萬所。其中中學占百分之十五，小學占百分之八十五，學生
三十五萬人；大學十四所，學生一千人。

這一時期，重點轉向以發展大學為主，新增設的有：長沙雅禮大
學（1902年）、上海震旦大學（1903年）、華北協和女子大學（1905
年）、廣州夏葛醫科大學（1905年）、滬江大學（1906年）、成都華西

協和大學（1910年）、杭州之江大學（1910年）、南京金陵大學（1911
年）、金陵女子大學（1915年）、福建協和大學（1915年）、武昌華中
大學（1904年）等。除震旦大學由天主教創辦外，其它各校均由美國
基督教會創辦，並先後在美國立案。這些學校實際上成為「文化租
界」，嚴重破壞了中國的主權。

　　一九一八年，中國非教會學校學生總計五百三十萬名，其中公立
學校學生四百三十萬名，私立學校學生一百萬名；教會學校學生三十
五萬名，占全國學生總數的百分之七弱。值得注意的是，在一九二一
年前，國立大學只有北京大學一所，省立大學只有山西大學（1902年
英國傳教士李提摩太勒索地方賠款設立）、北洋大學兩所，私立大學
只有武昌中華大學、北京中國大學與朝陽大學、天津南開學校大學
部、廈門大學五所，而基督教會辦的則有十六所，天主教辦的一所。
當時全國僅有女子大學三所（燕京大學、金陵大學、華南大學），都
是美國人辦的。帝國主義控制中國的大學教育，反映出中國高等教育
的半殖民地性質。

　　教會所辦學校從初等到高等，形成獨立的教育體系。

　　二十世紀初，日本和西方國家爭先恐後地吸引大批中國學生去日
本、歐洲留學。美國也不甘落後，一九〇七年國會通過議案，把庚子
賠款一千一百六十餘萬美元，作為留美學生經費，規定四年中應派出
學生一百名，從第五年起每年至少派出五十名學生赴美留學。一九〇
九年，學部、外務部特為此制定了派遣留美學生辦法五則：一、設留
美學務處；二、設肄業館；三、考選第一格、第二格學生；四、津貼
生活費；五、專設駐美監督。一九一一年，清政府辦清華學校培養留
美預備生（1925年改為清華大學），吸引不少留美學生。美國還利用
庚子賠款在大學裏設立講座，增補一些科研機構和圖書館。要求教會
大學在美國大學立案，並給學生頒發被美國大學認可的學士、碩士、

博士學位。在美國紐約設立控制中國各教會大學的機構——中國基督
教各大學聯合托事部，以加強對中國文化教育的控制，因而加深了中
國教育的半殖民地化。

帝國主義在中國開辦學校，吸收留學生，其主要目的是培養在華
代理人。上海聖約翰大學校長卜舫濟曾露骨地表白：「在我們學校
內，我們訓練中國未來的教師和傳教士⋯⋯未來的領袖和指揮者，給
未來的中國施加最強有力的影響。」帝國主義的文化侵略，對近代中
國社會產生重大影響。一方面，他們嚴重侵犯了中國的教育主權；教
會學校和吸收留學生成了培植帝國主義在華代理人的主要管道；帝國
主義奴化教育，在宣傳民族自卑感和崇洋媚外心理方面產生惡劣的影
響。另一方面，教會在中國創辦最早的新式學校，尤其是女子學校，
引進資本主義教育制度和教育理論，對中國新學制的產生，新教育法
令、法規的制定，或多或少有一些積極的影響。同時，這種教育對
「新學」、「西學」的傳播，新型人才的培養，以及對封建教育制度的
衝擊，也有一定的積極作用。

第五章
科學技術

一　清代中葉的科學技術

（一）閉關政策阻礙科學技術的發展

　　我國古代封建社會，在科學技術方面曾取得舉世公認的輝煌成就，對人類社會的發展產生重大而深遠的影響。直到明末清初，仍取得令人矚目的成就，湧現出如李時珍[1]、徐霞客[2]、徐光啟[3]、宋應星[4]

---

[1] 李時珍（1518-1593），明代傑出的醫藥學家。字東璧，湖北蘄州人。世業醫，著重研究藥物，重視臨床實踐，主張革新。常上山採藥，向農民、樵夫、藥農請教，參考歷代醫藥書籍八百餘種，對藥物加以鑒別考證，糾正古代本草書籍中藥名、品種、產地的某些錯誤，並搜集整理宋、元以來民間發現的藥物，經二十七年艱苦努力寫成《本草綱目》。書中新增藥物三百七十四種，共一千八百九十二種。總結勞動人民豐富的藥物經驗，對藥物學的發展作出重大貢獻，是祖國醫藥學的一份寶貴遺產。還著有《瀕湖脈學》、《奇經八脈考》，流傳後世。

[2] 徐霞客（1586-1641），明代地理學家。號霞客，名弘祖，直隸江陰人。幼年好學，博覽圖經地志。因見明末政治黑暗，不願入仕，專心從事旅行，足跡北至燕、晉，南及雲、貴、兩廣，旅途中備嘗艱險。其觀察所得，按日記載。死後季會明等整理成富有地理學價值和文學價值的《徐霞客遊記》。

[3] 徐光啟（1562-1633），明代科學家。上海人。任禮部尚書兼東閣大學士，崇禎六年兼任文淵閣大學士。研究農學、天文學較突出。較早從羅馬傳教士利瑪竇學西方科技知識，並介紹到中國。著有《農政全書》。還翻譯有《幾何原本》。

[4] 宋應星（1587-？），明代科學家。字長庚，江西奉新人。萬曆舉人。曾在南方任知州等職。一六四四年棄官回鄉。生平推崇實學，對士大夫輕視生產的態度深為不滿。崇禎七年著《天工開物》一書，詳細記錄各地農工生產技術;雖間有誤信古來迷信虛妄之說，但亦多所駁正，是我國古代科學技術名著。其它著作有《野議》、《論氣》、《談天》等，《野議》一書對明末政治、經濟、軍事、教育及社會陋俗，均有揭露批判。

等一批傑出的科學家。但是，清代乾隆、嘉慶以後，科學技術繼續受
到封建制度的束縛，開始處於停滯不前的狀態，與西方資本主義國家
科技的迅猛發展相比顯得相形見絀。究其原因，除封建統治日趨腐
敗、國力日衰諸多因素外，清朝政府實行閉關鎖國政策，乃是一個重
要原因。

　　本來，處在封建社會的清王朝和歐美資本主義相比相差一個歷史
時代。雖然人類文化、科技是不存在「國界」的，是在相互撞擊、滲
透、吸收中前進的，可是自乾隆中葉以後，清朝統治階級處在與世隔
絕的狀態，對外閉目塞聽，不想去瞭解，不屑於學習，虛驕自傲，把
西方的一切新科技、新事物視作「奇技淫巧」，拒之門外。當西歐國
家的思想文化、科學技術突飛猛進發展的時候，中國知識分子仍禁錮
在理學、八股、考據、詞章的泥沼中，阻塞著文化的發展，如不衝破
這種夜郎自大、無需「以通有無」的牢籠，落後勢必就要挨打，勢必
就會越來越拉大與西方國家的差距。

（二）西方科技的引進

　　中國近代是充滿激烈動盪和急劇變化的歷史時代。鴉片戰爭打破
了清王朝閉關鎖國的政策，在先進資本主義列強面前，代表落後生產
力的「天朝上國」顯得衰敗腐朽；在西方文明的衝擊下，以儒學為標
誌的傳統文化，越來越暴露出它的空疏和無用。隨著列強侵略的不斷
加劇，民族危機日益加深，一部分地主階級知識分子開始覺醒。他們
繼承中國文化中反對封建專制、要求思想解放的進步傳統，吸取西方
資產階級的「民主」、「科學」精神，在這一新的思想起點上，在對中
國傳統文化重新審視和深刻反思的基礎上，展開對桎梏人心、抑制民
族生機的儒學的批判，興起以革新除弊、向西方學習為內容和目標的
社會思潮。西方自然科學的引進和運用也是在這一思潮的驅動下興
起的。

　　鴉片戰爭時期，改革派林則徐、魏源就主張引進西方技術。他們不僅提出「師夷長技以制夷」的正確見解，而且還組織人力譯介有關船炮知識。魏源在《海國國志》中介紹了蒸汽機、火輪船的原理和製造方法。

　　西方先進的自然科學在中國獲得廣泛傳播，始於洋務運動時期。從十九世紀六〇年代開始，洋務派中湘系、淮係官僚軍閥基於創辦軍事工業的需要，開辦一些學習西方科學技術的新式學堂，如一八六二年恭親王奕訢奏設的京師同文館，附屬總理衙門，為培養翻譯人員，招收八旗子弟學習外語，設英、法、俄文三班，一八六六年又添設天文、算學及德、日文班。開始只招八旗幼童，後又招收滿、漢二十五歲以內的學員入校。以後又增設萬國公法、醫學生理、物理、外國史地等課程。聘請外國人任教習，美國傳教士丁韙良曾任教二十多年。該館設有印刷所，三十年中翻譯印製了近二百部數理化、外交、世界史、時事方面的書籍。一九〇二年，京師同文館併入京師大學堂。又如洋務大官僚李鴻章開辦的江南製造總局，附設翻譯館，聘請英國人偉烈亞力、傅蘭雅[5]、美國人瑪高溫專門從事翻譯工作，二十多年譯介西方科學技術書籍一百六十三種。另附刊三十二種，其中影響較大的《西國近事彙編》（季刊）出了一百零八期。同時，該館還造就了一批早期科學家。再如西方在華教會也設立學堂，開辦印書局，出版報刊，譯介西方科學知識。廣學會的翻譯工作開始較晚，側重於宗教、醫學、外國史方面。廣學會譯著數量很大，但卻沒有價值較高的

5　傅蘭雅（1839-1928），英國傳教士。一八六〇年倫敦海伯雷師範學院畢業。次年被英國聖公會派至香港擔任聖保羅書院校長。一八六三年被清政府聘為北京同文館英文教習。一八六五年任上海英華學堂校長。從一八六八年起又受聘為上海江南製造局編譯，長達二十八年。先後翻譯英文原著一百四十三種，向中國介紹西方科技，貢獻卓著。同時兼任格致書院監督、《格致彙編》編輯。晚年任美國加利福尼亞大學中國學教授，又為江南製造局翻譯科技書十四種。一九二八年卒於美國。

科學譯著。一些留學生在國外學習天文、物理、地理、醫學和工程技術，同時也譯介一批科技著作。十九世紀末共翻譯、輯著科技書籍千餘種。

輸入、引進近代科技，初期側重於工業製造的實用學科。江南製造局譯著中軍事技術比重很大，重要的有《水師操練》、《克虜伯炮圖說》、《行軍測繪》、《水露秘要》、《爆藥紀要》。介紹自然科學綜合知識的著作有《博物新編》、《格物入門》、《西學考略》、《觀物博異》等。還有一八五七年出版的《六合叢刊》和《格致彙編》兩種綜合性科學雜誌。

隨著對西學認識的提高和社會生產力發展的客觀需求，不論是應用學科還是基礎學科都陸續引入中國。

一、數學。同文館的李善蘭撰寫的《方圓闡幽》已獨立地涉及微積分的初步概念。他還與偉烈亞力合譯羅密士的《代微積拾級》、《代數學》十三卷，首次使用「代數」一詞，是我國第一部符號代數著作，後被日本人採用。江南製造局的華蘅芳精研數學，旁及地質、礦物。他與傅蘭雅合譯《代數術》二十五卷、《微積溯源》、《三角數理》、《決疑數學》，還著有《金石識別》、《地學淺識》，其中《決疑數學》把西方的概率論介紹到中國。一些數學譯著被各類學校用作教材，一再重印。

二、物理學。江南製造局早期的軍工譯著中有《炮法求新》，介紹金屬的性能和膨脹系數。後來又有介紹物理學基礎知識的《格致啟蒙》（光緒五年刊行）、《格致質學》（光緒二十年刊行）。其後，《聲學》、《光學》、《電學全書》等譯著也陸續問世。同文館也譯有《格物入門》、《格物測算》。光緒二十九年江南製造局翻譯出版日本飯盛挺著的《物理學》上中下三編。闡述顯微鏡、取影鏡、望遠鏡原理和方法的鄒伯奇的《格術補》，鄭復光的《鏡鏡詅癡》，也是那時出版的。

　　三、化學。最早的化學譯本是一八七○年廣州刻印的《化學初階》，最早的分析化學譯著是《化學分原》。江南製造局的徐壽譯著十餘種，他編了新的漢字元素符號和元素表，許多名稱今天還在使用，如鈉、錳、鎳、鋅、鎂等。徐壽曾和傅蘭雅合譯《化學鑒原》、《化學材料中西名目》，第一次刊行中文元素表，也是第一部化學名詞彙編，在我國化學發展史上起了先驅作用。他譯的《化學考質》、《化學求數》，是我國最早的定性化學分析和定量化學分析的著作。《化學考質》即《定性化學分析導論》，是德國化學家伏累森紐斯的著作，曾是西方很受歡迎的初等化學教科書，再版十六次。應用化學的著作有《製火藥法》。華蘅芳在《金石識別》中介紹化合物的分類、元素的原子量。徐壽還開始採用化學實驗方法。

　　四、礦物學。礦物學的引進自華蘅芳譯《金石識別》始，隨後譯出的有《開礦工程》、《寶藏興焉》、《銀礦指南》、《探礦取金》等。這些著作分別介紹煤層的形成、開採，礦石的種類及冶煉法，礦石與地層的關係等知識。

　　五、地學。華蘅芳認識到「金石與地學互為表裏，地之層累不明，無以察金石之脈絡」，便較早地選擇翻譯英國著名地質學家賴爾的《地質學原理》，譯名《地學淺釋》，三十八卷，一八七三年刊行。賴爾的專著四十多年中再版十二次，得到恩格斯的高度評價。一八九○年刊行的《地球初探》、《地學稽古說》，敘述地球演變的歷史，均涉及星雲假說和自然進化觀念。

　　六、天文學。清初著名的天文學家王錫闡著有《曉庵新法》。英國天體力學名著《天文學綱要》一八五九年由李善蘭、偉烈亞力合譯刊行，譯名《談天》，自此哥白尼學說首次介紹到中國。書中介紹八大行星、恆星、慧星、星體運行橢圓軌道要素的變化、行星之間的引力對原軌道引起的偏差等。天體演化知識對中國思想界啟發頗大。《天文圖說》也有中譯本出版。

　　七、醫學。最早譯介到中國的西醫藥物書籍是英國傳教士合信編譯的《全體新論》（道光三十年）。合信還翻譯《西醫略論》（咸豐七年）、《內科新論》和《婦嬰新說》（咸豐八年）。繼後，美國醫生嘉約翰編譯《西藥略說》、《割症全書》、《內科全書》等書。與此同時，江南製造局譯有《西藥大成》十卷、《內科理法》、《產科》、《婦科》、《法律醫學》、《臨陣傷科》、《保全生命論》。其中，《西藥大成》不僅是重要的醫學專著，也是重要的化學著作。

　　八、生物學。道光末年刊行的吳其濬撰著的《植物名實圖考》，是研究植物學和中草藥的一部巨著。最早的動植物學譯著有《植物》、《植物學啟蒙》、《動物學啟蒙》。《生命世界》一書論及生命由來、生命種類及分佈、遺傳與變異、細胞原質等。微生物學、人體生理學也譯入中國。二十世紀初，出版了幾部重要的有關人類起源的論著，其中英國生物學家克洛特夫的《進化論基礎》一書，譯名《克洛特夫天演論》，一九○五年刊行。

　　從以上列舉的譯著看，各學科的引進水準是很不均衡的，有的學科比較及時、全面，也有的較陳舊粗淺。有的學說（如牛頓、哥白尼學說）在國外已成科學舊聞，但在中國還聞所未聞。數學方面翻譯引進的譯著品質很高，這與翻譯者的知識結構有關；同時與古代數學在中國具有雄厚的基礎有關。而有些陌生的學科在開始引進時就只能是淺近的、介紹性的。梁啟超曾評論當時譯著的水準說：「中國譯介各西書中以算學為最良。」當時譯書零亂無計劃，在選擇時僅考慮功利原則，無暇顧及學科的系統性和相互之間的關係，也根本沒有認識到科學理論對於應用科學有多少實際效益。

　　由於中西文化相去甚遠，以上譯著儘管是科普性質的，但對一般中國人來說入門仍很困難。為此，徐壽與華蘅芳、傅蘭雅等人在上海創辦格致書院，經常公開演講科學專題，進行「課堂示教」的實驗，

並在院中陳列各種科技書籍和儀器。格致書院是中國最初出現的科學團體的雛形。

不能因為中國古代科技發達而低估近代科技引進的意義。就個人研究能力和觀察能力來說，中國人往往是最傑出的，但無助於整個科學的發展。如李時珍的《本草綱目》在國際上也被看成是植物分類學巨著，但它對中國植物學的發展卻沒有起到推動作用；朱熹和沈括對化石都作過觀察和合理的推測，但這也未能成為發展古地質學的契機。這裏面既有小生產的經濟基礎對科學發展的限制，也有哲學傳統對科學方法的束縛。如果這種狀況不突破，中國的科技仍然只會在一個規範內徘徊。以數學來說，近代雖無大發展，但引進微積分等新的數學工具後，使數學研究得以從宏觀領域進入微觀領域，從研究相對靜止進入運動變化的狀態。此外，符號代數學的出現突破舊的表達方法，輸入新的科學思想。科學術語的形成和制訂，建立了中國近代科學的系統性；化學中定性、定量分析方法的出現，改變中國過去滿足於似是而非、模棱兩可的描述，走向了實驗階段；而實驗手段的出現則改變了傳統的「玄」的思辨方式。格致書院的成立，開始了我國最早的科學團體的活動，此後各種學術團體陸續出現，打破以往封閉的研究方法，走向社會化的交流與研究。儘管近代各學科的引進在當時急劇惡化的政治形勢中未能顯示出多大效果，但這些工作使中國逐步建立了近代科學的系統性和實驗性，使中國的科學發展在方法論上開始搭上世界的脈搏。

通過譯著傳播的科學知識，有力地影響著中國的思想家。近代科學成就在他們的哲學理論中時有反映，新知識成了他們主張政治改革的理論依據。被稱為「晚清思想界慧星」（梁啟超語）的譚嗣同就明顯地受到過影響。他留下許多談論數、理、化、天文、地質方面的文字，從這些文字中可以看出譚嗣同對那個時期傳入的各學科幾乎都有

所瞭解。他曾經研究《幾何原本》，並作題解補充；在《石菊影廬筆記》中論及大氣層、日心說、氣象、光學等知識；在與友人通信中討論星球的起源、演變，萬有引力與地球運行軌道的關係，計算地球的體積和重量等。譚嗣同本人曾著有科學論文〈以太說〉、〈論電燈之益〉。譚嗣曾託人代購物理、化學儀器，打算在家鄉倡辦格致館、算學館，並發起組織金陵測量會、農學會等學術團體，還想創辦礦學報。雖然譚嗣同的設想大多沒有實現，但他追求新知識的熱情和對自然科學的重視是顯而易見的。譚嗣同一八九八年在南學會的講演中提出「學問救國」，強調科技與國家存亡的關係：「鄙人深願諸君都講究學問，則我國亦必賴以不亡。所謂學問者，政治、法律、農、礦、工、商、醫、兵、聲、光、化、電、圖、算皆是也。」

譚嗣同青少年時期好舊學，三十歲以後才「究心泰西天算格致……」，他的知識體系是寵雜的。梁啟超在評價譚嗣同的代表作《仁學》時說：「仁學之作，欲將科學、哲學、宗教冶為一爐，使之更適人生之用。」的確，在譚嗣同的哲學體系中，既有十八、十九世紀近代科學的特點，也有新學、舊學的生硬揉合。例如，物質不滅原理在十八世紀末被發現後，化學即以近代科學的面目出現。譚嗣同接受了這個重要的原理，並用來廣泛地解釋各種現象。他在《仁學》中以代數恆等式來表達物質的「不生與不滅」……又舉許多例子證明物質形態的變化不等於物質的消失。但譚嗣同卻由物質不滅引出靈魂的不滅。所謂的靈魂不滅，實際上是精神可不依物質而單獨存在，這就把唯心論塞進了科學的形式中，把生命運動形式簡單地等同於非生命形式，明顯地帶有機械唯物主義的局限性。

在當時引進的自然科學中，對思想界影響最大、最具現實意義的莫過於古地質學和古生物學。晚清思想家儘管原先的知識結構和興趣不盡相同，他們追求新知識時注意力也各有側重，但毫無例外地都表

現出對古地質學中進化思想的強烈興趣。關於地球、生物不斷進化的觀念，是在江南製造局翻譯的《地學淺釋》中首次被介紹到中國的。譚嗣同以地質學新知識簡述地球、生物的演變，完全接受《地學淺釋》中生物與地球環境的關係，生物由低級向高級進化的觀點。他在傅蘭雅那裏看到化石後感慨地說：「天地以日新，生物無一瞬不新也。今日之神奇，明日即已腐臭，奈何自以為有得，而不思猛進乎？」既然天地萬物都在不斷地變化，人類社會的變革就是合理的。

　　科學譯著中尤其是天文學、物理學和古地質學大大地影響了康有為。他自己回憶說：自從接觸到西學後，學識「日新大進」。康有為仔細研究哥白尼的「日心說」[6]和牛頓[7]的天體力學，並在一八八六年寫了《諸天講》一書。在這部書中按他的理解對太陽系的起源、行星與太陽的關係，月亮的圓缺、彗星與流星、太陽黑子等都進行了科學

6　哥白尼學說，即哥白尼在《天體運行論》中闡述的「日心說」。哥白尼（1473-1543），波蘭天文學家。曾在波蘭和意大利的大學學習，研究數學、天文學、法學和醫學。哥白尼的最大成就是以科學的「日心說」否定了在西方統治一千多年的「地心說」。這是天文學上一次偉大的革命，引起人類宇宙觀的重大革新，沉重地打擊了封建神權統治，「從此自然科學便開始從神學中解放出來」，「科學發展從此便大踏步地前進」。他著的《天體運行論》一五四三年出版。由於時代的局限，在開普勒總結出行星運動三定律、牛頓發現萬有引力定律以後，哥白尼的「日心說」才建立在更加穩固的科學基礎之上。

7　牛頓（1642-1727），英國物理學家。他在伽利略等人的工作基礎上進行研究，創建牛頓定律。他還進一步發展了開普勒等人的研究工作，發現了萬有引力定律。在光學方面，他致力於色的現象和光的本性的研究。一六六六年用三棱鏡分析日光，發現白光是由不同顏色的光構成的，為光譜分析奠定基礎，並製作牛頓色盤。一七〇四年出版《光學》一書。在熱學方面，他確定了冷卻定律。在天文學方面，他於一六七一年製造了反射望遠鏡，初步考察行星運動規律，解釋潮汐現象，預言地球不是正球體，並由此說明歲差現象等。在數學方面他也是微積分的創始人。他的《自然哲學的數學原理》一書一六八七年出版。牛頓的哲學思想基本上屬於自發的唯物主義，但提出過形而上學的絕對時間和絕對空間的觀點。晚年又埋頭編寫以神學為題材的著作。這表明他的唯物主義是不徹底的。

的解釋。康有為非常崇拜哥白尼和牛頓。科學知識使康有為「盡破藩籬而悟徹諸天」，他批判了唯心主義的天道觀，改變了原有的宇宙觀。但他有時還是混精神與物質為一談。

近代思想家一方面受傳統自然觀的影響，習慣於融合不同學科的知識和概念，並力圖從中找出共同點；另一方面民族危機使得他們把所得新知識急切地與政治主張結合在一起。因此，造成近代科學引進後在短時間內發生作用的往往不在科學方面，而在政治思想方面。康有為更徹底地把進化觀念運用到社會改革中。他在講學中常常先說一段自然變遷、生物進化的開場白，然後才談人類社會。他一提變法便要談進化。天體、地球、生物演化的事實使康有為掙脫了「天不變道亦不變」的傳統觀念的束縛。康有為的歷史進化論就是從自然進化的事實中推演而來。在這以前，中國思想家都難以衝破不變的「道」的金科玉律，連魏源也說：「不變者道而已，勢則日變而不可復也。」，但這個禁區被戊戌時期思想家們借助於科學的力量衝破了。

十九世紀後半期，近代科學技術開始在中國生根發芽，同當時先進的資本主義國家相比，中國的自然科學是很落後的。許多重要的學科沒有系統介紹進來，研究工作尚處於初創階段，成果少如鳳毛麟角，但它畢竟衝破了封建制度和舊的傳統思想的束縛和阻撓，堅定地邁出了第一步。許多憂國憂民的志士仁人，在向西方尋求救國救民真理的時候，還把這些國家的自然科學昌盛同國家富強直接聯繫起來介紹。中國的自然科學和技術正是在這樣的條件下萌芽發展起來的。自然科學的介紹和學習，加上西方社會政治學說的輸入，使原來死水一潭的中國思想界，開始勃興西學和中學、新學與舊學的激烈鬥爭。這反映出新的階級與舊的統治勢力之間的激烈鬥爭，也推動著革新運動的前進。

（三）著名科學家

　　十九世紀後期，中國開始出現一批新型的知識分子。這些知識分子的具體情況千差萬別，但總的來看，他們不僅在政治觀點、哲學觀點方面，而且在科學知識素養方面都同傳統士大夫有明顯的區別。我國第一代新型的知識分子，主要是通過新型學校、科學實踐和派遣留學生而產生的。

　　數學家李善蘭（1811-1882），號秋紉，字任叔，浙江海寧人。少年時期從陳奐治經學，於數學用力尤深。青年時期居上海期間，接觸一些自然科學知識，又認識英國人偉烈亞力，曾合譯歐兒裏德的《幾何原本》後九卷。一八六八年經郭嵩燾推薦進入同文館任算學總教習。他的著作彙集為《則古昔齋算學》十三種，二十四卷。還譯有羅密士《代微積拾遺》十八卷、棣麼甘《代數學》十三卷，又譯奈端《數理》（即牛頓的《自然哲學的數學原理》）。李善蘭在數學上造詣頗深，一八六四年寫的《方圓闡幽》，已獨立地涉及微積分的初步概念。另寫有《垛積比類》，研究高階等差級數的求和問題，即為國際數學界所矚目的「李善蘭恒等式」。他翻譯的解析幾何和微積分，貢獻很大，因為微積分的出現是數學史上的一個飛躍：變化和運動的觀念進入數學領域，由此興起了高等數學，成為人類認識自然界的一個重要工具。在天文學方面，李善蘭所譯《談天》，正確介紹哥白尼的學說，使中國人對近代天文學的全貌有了初步瞭解。在物理學方面，他介紹牛頓的古典力學，從此開始打破了耶穌會傳教士對中國科學界的壟斷和封鎖。從哥白尼的偉大著作開始，以牛頓學說告結束的西方近代科學在建立二百年後，才經過李善蘭等人介紹到中國，近代科學的體系、觀點和方法以及近代科學中若干重要成果，才為中國學者所逐漸熟悉。

　　化學家徐壽（1818-1884），字雪村，江蘇無錫人。曾任駐德使館
參贊數年。對自然科學、工程技術有較深入的研究。他在系統地吸取
和介紹西方國家化學成就方面，作出開拓性的貢獻，對中國化學事業
的發展起了先驅作用。他在江南製造總局工作期間，翻譯武器製造資
料和軍事章程多種，還翻譯《化學鑒原》（包括無機化學和有機化
學，介紹化學基本原理和重要元素性質）及其續編、補編共三十七
卷，《化學考質》（定性分析）八卷，《化學求數》（定量分析）八卷。
還譯有《西藝知新》、《汽機發軔》、《測繪地圖》。共譯書十三部。所
翻譯的化學術語，有許多沿用至今。他非常重視實驗，一八七五年與
英國人傅蘭雅在上海設立格致書院，並親自建立化學實驗室。曾國藩
在安慶、江寧設立機器局，他皆參與其事，並同數學家華蘅芳合作，
參閱外國資料，一八六二年製成一臺蒸汽機和木質輪船「黃鵠」號，
為我國製造機動輪船奠定基礎。其子徐建寅曾翻譯《化學分原》一
書。徐壽父子在機械、火藥製造方面，也有一定成就。那時，封建頑
固派死守儒家理學和充滿封建迷信的陰陽五行之類的說教，把先進的
西方科學技術污蔑為「亂我人心」的「奇技淫巧」。他們指責說：學
習外國先進事物就是向外國「示弱」，有損天朝「體面」。但是，徐壽
同其它科學家一樣，敢於輕蔑封建頑固派的指責，不談星命風水，婚
嫁喪葬不用陰陽擇日之法，絕不崇奉「五行生剋」說[8]。在那封建迷
信思想占統治地位的時代裏，徐壽敢于堅持實事求是原則，堅持引進

8　「五行生剋」說，即五行學說。五行指金、木、水、火、土五種物質。中國古代思
　　想家企圖用日常生活中常見的上述五種物質來說明世界萬物的起源和多樣性的統
　　一。戰國時代，五行學說頗為流行，並出現「五行相生相剋」的理論。「相生」如
　　木生火、火生土、土生金、金生水、水生木等，「相剋」如水剋火、火剋金、金克
　　木、木剋土、土剋火。這些觀點具有樸素唯物論和自發的辯證法因素。五行學說後
　　來雖被唯心主義思想家神秘化，但它的合理因素一直被保存下來，對中國古代天
　　文、曆數、醫學的發展起了一定作用。

西方先進科技，這種精神的確是難能可貴的。他終生為發展祖國的科學事業而奮鬥，一八八四年在武漢試驗無煙火藥時，不幸失慎身亡，享年六十六歲。

　　數學家華蘅芳（1833-1902），字若汀，江蘇無錫人。精研數學，旁及地質、礦物等學。同治初年，參與籌畫江南機器製造局，並翻譯數學、地質等書籍。先後在格致書院、湖北自強學堂、兩湖書院任主講近二十年，造就數學人才甚眾。一八六三年，與徐壽最早製造「黃鵠」號輪船（船長五十餘尺，時速四十里），又自造輕氣球。著有《算學筆談》、《行素軒算稿》六種，二十三卷，其中《開方別術》和《積較術》有獨到見解。他以譯書出名，尤以數學為主。譯有《代數術》、《微積溯源》、《三角數理》、《決疑數學》（概率論著作）等，還著有介紹地質礦物學內容的《金石識別》、《地學淺釋》。譯著多與英國人傅蘭雅合譯。華蘅芳的譯著「文辭朗暢，兼信、達、雅三者之長」。

　　派遣留學生的結果產生了嚴復那樣的知識分子。嚴復是近代中國完整地介紹西方哲學和科學方法的第一人。他譯著很精，選擇性很強。通過譯著，使中國人對西學的認識大大提高。他翻譯的《穆勒名學》，引進了科學的方法論。西方所有科學成果（連同三大發現）都是運用實驗定性和歸納法的結果。自從培根的經驗歸納法受到重視後，科技大受其益。舊學中的科舉八股、漢學考據、宋學義理，不是從客觀實際出發，而是先驗論的。嚴復譯《名學》介紹認識論和邏輯學，對中國現狀具有極強針對性，真可謂獨具慧眼。

　　如果說，徐壽的「實事求證」，李善蘭的「凡有據之理，即宜信之」的科學方法是不自覺地產生的，那麼，嚴復就完全不同了。近代科學方法在中國出現，實踐上當推徐壽，理論宣傳上卻是嚴復。嚴復還強調科學與富強的關係，主張科學救國。嚴復譯著影響之大，幾乎在半個世紀中沒有人能超過他。

李善蘭、徐壽、華蘅芳的科技活動，為中國近代科學技術的發展增添了新氣象。儘管他們的許多科研成果在清政府的腐敗統治下，沒有廣泛地應用於生產部門，發揮其應有的作用，可是它們畢竟與封建舊文化相鬥爭而存在，從而打破了地主階級舊文化長期禁錮人們的思想的局面，為近代開風氣之先。徐壽、華蘅芳利用洋務學堂向求學者灌輸西方近代科學知識，連同他們所翻譯的科學書籍一起，給嚴重束縛中國人民頭腦的八股科舉制度以有力的衝擊，吸引眾多知識分子步入科學之門。

徐壽、華蘅芳在翻譯西方科學書籍時，雖然並未深刻瞭解其中所包含的自然界與人類的進化規律，也不可能意識到它對中國社會產生的影響，但是這些進化論卻隨著所譯圖書的傳播而引進中國思想界，從而成為中國資產階級改良派的思想武器。清末改良派的激進分子便深受其影響，他們在自己的著作中經常把自然進化觀引為政治主張的理論依據。如果說曾國藩設譯書館是為解決洋務企業的技術問題，那麼，近代改良派要求設譯書局的主張，便是從改良社會出發的。

洋務運動引進了近代科學技術，但其自身又具有濃厚的封建性，這使徐壽、華蘅芳等人雖然在科學技術方面取得許多有價值的成就，但在近代中國卻未能得到進一步發展。

以李善蘭、徐壽、華蘅、嚴復為代表的早期科學家，是一批初具資產階級思想的知識分子。在他們看來，西方國家之所以富強是由於工業發達，而工業發達是由於自然科學的進步。要抵抗外來侵略，就必須發展科學技術。李善蘭曾說：「今歐羅巴各國日益強盛，成為中國邊患，推原其故，製器精也；推原製器之精，算數明也。」在他們看來，中國要富強，就不能不興「工藝之學」，就不能不講求科學。這是中國資產階級「科學救國」論的先聲。「科學救國」是一種幻想，反映出早期科學家們政治上的軟弱。他們看不清歐美列強對中國

的侵略，是資產階級的本性決定的；他們也看不清中國科學技術落
後，是腐朽的封建專制主義制度造成的。但是，他們要求發展中國的
科學技術、抵禦列強侵略的思想是進步的。

二 新學與舊學之爭

新學（西學）與舊學（中學）之爭貫穿於近代中國全過程。

對西方資產階級文化作比較系統的介紹，是從十九世紀末期的資
產階級改良派嚴復開始的。早在十九世紀六〇年代，馮桂芬在《校邠
廬抗議》裏提出「採西學」的建議，他把西學（新學）的內容只限於
數學、物理、化學和地理知識，把西學包括在洋務中，著重指出要以
「中國之倫常名教為原本，輔以諸國富強之術」。十九世紀七〇年代
和八〇年代的改良派對西學的看法，和馮桂芬的見解基本相同。鄭觀
應在《盛世危言》中雖然提出政治改革的主張，但在學術思想上仍認
為「中學本也，西學末也，主以中學，輔以西學」。只是他說的西學
的內容包括較廣，除格致輿地外，還兼及歷史和「商政、兵法、造
船、製器以及農、漁、牧、礦諸務」。王韜完全同意鄭觀應關於西學
的見解。馬建忠精通歐洲語言文字，留學法國專攻法律數年。他對西
方資產階級社會學說接觸不多，他主張應該翻譯的西學書籍中，比別
人只是多加了法律一門，包括羅馬法、國際法判例、各國商法等。但
鄭觀應、馬建忠兩人都已提出改革科舉制度，主張把西學列為獨立的
一科。

近代中國傳入歐美西學，相同於古代中國傳入印度佛教。古代佛
學成為中國學術文化的一個重要組成部分。這樣，中國的學術文化就
擴大了範圍，它包括中國自創的固有部分，古代從印度傳入的佛學部
分和近代從西洋傳入的西學部分。

　　早在明朝末年，傳入中國的只限於天主教和科學技術方面。鴉片戰爭後，許多早期資產階級改良派，已經從事傳播西方資產階級的社會科學，但與嚴復相比，還不能算是很正式的。

　　十九世紀後期，人們把西方的科學技術和資產階級的社會政治學說及文化藝術稱為「新學」或「西學」，把中國固有的封建文化和儒學思想體系稱為「舊學」或「中學」。圍繞如何對待「舊學」和「新學」的問題，在封建頑固派、洋務派和資產階級改良派之間進行了激烈的論爭。

　　資產階級改良派出現以前，新學與舊學之爭，主要是在洋務派同封建頑固派之間進行的。洋務派認為，要維護清朝統治，應該吸收、引進西方的科學技術，特別是軍事技術。奕訢說：「自強以練兵為要，練兵又以製器為先。」李鴻章說：「中國欲自強，則莫如學習外國利器；欲學習外國利器，則莫如覓製器之器。」封建頑固派崇尚「義理」，輕視「末技」，激烈反對引進、仿傚西方科技，斥責洋務派是「名教罪人」。大學士倭仁說：「立國之道，尚禮義不尚權謀，根本之途，在人心不在技藝」，如果讓人們去學習西方的技藝，就會搞得「正氣為之不伸，邪氣因而彌熾」。

　　資產階級改良派形成後，新學與舊學之爭更加激烈了。改良派大力宣導西學，並全面陳述他們的觀點，啟蒙教育作用是不可低估的。他們不僅反對封建頑固派全盤排斥新學，而且也反對洋務派只接受新學中的科學技術，而不吸收、引進西方資產階級的民權學說。康有為、梁啟超認為，如果不參照民權學說對封建專制制度進行改革，仍然用封建體制去辦科技、辦近代工業，不但不能求得西方國家那樣的富強，反而會造成禍害。梁啟超嚴厲地指出：「三十年名臣曾國藩、文祥、沈葆楨、李鴻章、張之洞之徒」，辦海軍，設學堂，興鐵路，並沒有辦出真正的成效，照他們那樣就是再辦許多年，「一旦有事，

則亦不過如甲午之役，望風而潰，於國之亡，能稍有救乎？」他說：
「君權日益尊，民權日益衰」，才是「中國致弱之根源」。張之洞極力
對抗改良派，提出「中學為體，西學為用」的口號，他說：「使民權
之說一倡，愚民必喜，亂民必作，綱紀不行，大亂四起。」當時，封
建頑固派和洋務派站在一起，共同反對資產階級改良派提倡的西方民
權學說。他們說：「今康梁所用以惑世者，民權耳，平等耳。試問：
權既下移，國誰與治？民可自主，君亦何為？是率天下而亂也。」

　　嚴復批駁「中學為體，西學為用」時指出：「新學舊學各有各的
體和用，猶如有牛之體則有負重之用，有馬之體則有致遠之用，未聞
以牛為體以馬為用者也。」新學是「以自由為體，以民主為用」的。
資產階級改良派的反駁是軟弱無力的，並且主張「君民共主」而不贊
成推翻君主制度。他們沒有也不可能從根本上否定封建文化和封建思
想體系，反而主張「尊孔保教」，實際上改良派是以舊學為主新學為
輔的，這也充分表明他們對封建勢力的妥協態度。隨後，當資產階級
民主革命興起的時候，改良派代表人物康有為、梁啟超、嚴復，都倒
退成反對革命的封建復古主義者。

　　隨著對外交涉的日益頻繁和近代工業的逐步發展，學習外國語
言、自然科學和先進技術，越來越被人們重視。一八六二年，清政府
在北京設立同文館，開始招收清朝貴族子弟學習外語。一八六六年，
同文館增設天文算學館，聘請外國人任教師，傳授天文數學知識。上
海、廣州、福建、天津等通商口岸，也陸續開辦一些學習外語、自然
科學、生產技術和軍事技術的專門學堂。江南製造總局設立從事翻譯
工作的翻譯館。一八七二年，清朝政府第一次派遣學生赴美國留學，
一八七七年擴大到歐洲，一八九六年還派學生去日本留學。一八九八
年，戊戌變法期間開辦的京師大學堂，正式設立學習自然科學和技術
的專業。外語和科技逐漸成為各級各類學堂、書院的重要課程。翻譯
和編輯的科技書籍也日漸增多。

　　封建頑固勢力對科技事業持壓制、反對的態度。他們從維護封建專制制度和仇視新學的立場出發，瘋狂反對發展科學技術事業。

　　一八六六年，同文館增設天文數學館時，頑固派發動一場猛烈的攻擊。御史張盛藻說，「若令正途人員習作技巧之事」，就會使其「重名利而輕氣節」。大學士倭仁指責說，讓中國士人「奉夷人為師」，就會在數年之後「盡驅中國之眾咸歸於夷」。意思是說學習西方科技，就會驅使中國人變成外國夷人，中國也就亡國了。候補知州楊廷熙也說，讓中國士人「師事仇敵」，就會搞得「忠義之氣自此消矣，廉恥之道自此喪矣，機械作變之行自此始矣」。他認為提倡學習科技，就會造成「聖賢之大道不修，士林之氣節不講」的局面，對封建統治者來說，那是不可容忍的。

　　一八八〇年，封建頑固派極力反對修鐵路，並又發起一場對先進科學技術的猛烈攻擊。御史屠仁守說：「自強之策，不務修道德、明政刑，而專恃鐵路」，就是「急其末而忘其本」。頑固派的著名代表劉錫鴻說：「我朝乾隆之世，非有火車也，然而廩溢庫充，民豐物阜。」照他看來，從前沒有火車沒有近代新式工業，封建統治者過得也很好，所以中國永遠也不需要修鐵路通火車。他還說，鼓動搞鐵路火車的人，不外乎是「洋匪之懷叵測心者」、「洋樓之走卒」、「沿海之黠商」、「捐官謀利者」，等等。封建頑固派不僅反對興修鐵路，而且反對發展一切近代工業技術。在他們看來，老百姓掌握了製造機器的技術，對封建統治者的威脅比「洋匪」、「外寇」要大得多。封建頑固派反對科學技術，反對近代工業，是他們仇視科學、愚弄人民、敵視社會進步的剝削階級本質的表現。

　　在近代中國文化領域內，新學與舊學之爭，西學與中學之急，實質上是社會的政治和經濟在觀念形態上的反映，具有資產階級新文化和封建階級舊文化鬥爭的性質。當時的新學，基本上都是資產階級所

需要的西方自然科學和社會政治學說，起了同封建思想作鬥爭的進步作用。但是，由於資產階級的軟弱和世界已進入帝國主義時代，新學不能戰勝帝國主義奴化思想與封建復古主義的反動同盟。

三　二十世紀初期科技新成就

二十世紀初，隨著資本主義教育制度移植到中國，使西方自然科學和各種技術得到廣泛傳播。

我國近代氣象，早期操縱在外國人手裏。辛亥革命後，我國才開始有了自己的氣象事業。一九一二年，北京政府在北京設立中央氣象臺。從一九一七年開始，又先後在庫倫、張家口、開封、西安等地設測候所。一九一六年，張謇設立軍山氣象臺，這是我國最早的私立氣象臺。

近代地質學，最早始於德國人李希霍芬（1833-1905）一八六八到一八七二年來我國旅行，回國後寫成《中華》一書，講述中國的地質。我國地質學研究萌芽於魯迅，他一九〇三年發表的〈中國地質學略論〉一文，講述中國地質概況，不久又和顧琅合著《中國礦產志》，並附中國礦產全圖。辛亥革命前，章鴻釗看到外國人對我國地質考察的重視和對我國資源的掠奪，於是到外國學習地質八年，回國後在北京創辦地質研究所，對華北地質進行調查。一九一六年，他與翁文灝合編《地質研究所師弟修業記》，對我國地質史、地質結構、礦產與地質的關係作了闡述，為我國開發礦產提供理論根據。一九〇五年，地質學家鄺榮光繪製的〈直隸省地質圖〉和〈直隸省礦產圖〉，是我國第一批地質圖。

近代醫學也有一定發展。中醫夏春農，對威脅兒童生命的喉痧（腥紅熱）在細緻研究的基礎上撰寫了《疫喉淺論》。在外科方面，

一八九七年，趙濂在前人研究的基礎上發明銅質吸膿器。我國中醫中藥曾遭到帝國主義、北洋政府的反對，由於中醫中藥界的堅決抵制和鬥爭，爭得了中醫中藥的合法地位。中醫馮汝玖對小兒驚風進行深入研究，一九一一年寫成《驚風辨誤》。本草方面，一九〇一年鄭嚴原寫成《偽藥條辨》，此後，曹炳章在此基礎上繼續研究，增訂《偽藥條辨》，一九二七年刊行，對本草學的發展起了一定作用。在溫病方面，著名中醫何廉臣撰寫《全國名醫驗案類編》，對前人的醫案作了比較分析，制定一套醫案規格，在中醫學界影響很大。

二十世紀初期，在科技事業發展的同時，湧現出一批卓越的科學家、工程技術專家，其中傑出人物有鐵路工程師詹天祐、飛機設計師馮如等。

詹天祐（1861-1919），字眷誠，西名天祐·傑姆，廣東南海人。出身於貧寒家庭。早年在私塾讀書，愛聽林則徐抗英鬥爭的故事，下決心學習西方科技，抵禦外侮，為祖國爭光。一八七三年被錄取為公派第一批幼童生赴美留學。他先入濱海兒童學校，後入山屋中學，一八七八年考入美國耶魯大學土木工程專業，一八八一年獲得學士學位。回國之際，正值洋務運動高潮時期，沒有修路的工作可做，被派到福州船政局改學駕駛。此後長期用非所學。一八八二年十一月，分配去福建水師揚武號旗艦任駕駛官。中法戰爭中曾參加海戰，英勇殺敵。一八八四年十月，兩廣總督張之洞調他到廣東博學館、廣東海圖水陸師學堂任教，又派他測繪東南沿海地形圖。一八八八年，被天津鐵路公司總辦伍廷芳聘為該公司工程師，從此詹天祐如魚入水，得以發揮專長。他以大無畏的獻身精神先後在各地從事鐵路建設達三十一年之久，由實習工程師—現場工程師—地區工程師升至總工程師。在修天津到瀋陽、天津到北京的鐵路幹線時，他奔波於長城內外，表現出出眾的才智，曾採用氣壓沉箱法在水裏築橋墩，順利完成了中國近代第一座鐵橋——灤河大橋工程。

　　由於俄國反對中國重用英國鐵路工程師肯特，一九〇五年直隸總督袁世凱任命詹天祐為京張鐵路總工程師。這條鐵路全長二百多公里，要穿過燕山山脈，工程難度很大。帝國主義分子嘲笑說，修那樣一條鐵路的中國工程師「還沒出世」，中國想不依靠外國人自己修路是「做白日夢」。詹天祐提醒大家，全世界都在注視著我們，此路修建的成敗直接關係中國的名譽和地位。具有民族自尊心和愛國熱情的詹天祐，親自到現場同工人一起測定一條路程短、造價低的路線，並採用高坡度、長隧道的方案，在居庸關、八達嶺多山地段開挖四條隧道，靠近長城的那條長達一千九百零一米。為加快工程進度，詹天祐從山上選擇能垂直達到隧道中心線的兩點開鑿兩個豎井，使隧道挖掘工程形成六個掘井作業面。他與工人一起，採取各種措施，解決隧道工程中滲水、塌方等問題。他設計「人」字形軌道，第一次使用掛鉤機車，還採用在火車後部加一機車以增加推力的辦法，創造性地解決了坡度大機車牽引力不足的難題。京張鐵路一九〇九年七月全線通車，比原計劃提前兩年，費銀六百九十三萬兩，引起國內外同行的震驚和讚頌。中國人自己設計、施工的第一條鐵路修建成功，詹天祐因此而聞名全球。詹天祐為中國人民爭了氣，為中國鐵路事業作出傑出貢獻。清政府為表彰他的功績，授予進士銜，後來還在京張鐵路青龍橋車站為他樹了一座全身銅像。

　　隨後，四川請他去修建川漢鐵路，廣州又請去修建粵漢鐵路南段，幾年中奔波在北京、宜昌、廣州之間。一九一二年清朝溥儀皇帝退位後，粵漢鐵路向英、法、德、美四國銀行團借資興辦，詹被派為總辦，常駐武漢，一直到一九一九年病逝。

　　作為職業工程師的詹天祐，是中國工程師學會的創始人。一八九四年被選為英國土木工程師學會會員，一九〇九年又被選為美國土木工程師協會會員，一九一六年香港大學授予他名譽博士學位。

　　詹天祐是一位既具備系統科技知識又具有民主思想的新型知識分子。他深思寡談，頗有權威，留美多年卻沒有崇洋媚外的思想；雖然工作辛勞繁忙，但還熱心並真誠地關心、培養年青技師；縱然才智出眾、權位很高，但為人純樸謙遜，從不計較名位，也不妒賢嫉能。他的兩個兒子曾留學美國，次子和長婿都是鐵路工程師，可謂「鐵路世家」。著作有《京張鐵路工程紀略》。

　　馮如（1883-1912），號鼎三，廣東恩平人。出身於貧苦農家。少時聰明，「性好弄物」。四個哥哥先後夭折，家境日趨窮困，一八九五年年僅十二歲的馮如，跟隨表親遠涉重洋去美國三藩市、紐約謀生。「日作營生，夜習西文」，刻苦求學，鑽研工藝。馮如看到「美國工藝精巧，心嚮往之」，認為「國家富強，由於工藝發達；而工藝發達，以機器為權輿」。為此，他立下學習科學技術振興中華的宏願。隨後，幾經周折，終於在紐約一家工廠找到研習機器工藝的工作。他白天工作，晚上學習，經過十多年的刻苦努力，終於掌握了機械技術、機械學和電學理論。他自制的無線電機，能發能收，電碼靈敏。一九〇三年美國人萊特兄弟發明的飛機（飛行三十五鈔鍾、二百六十米遠）試飛成功，到世界各地巡迴表演，引起馮如的極大興趣。一九〇五年，當日、俄為爭奪中國東北打起來的時候，馮如對他的助手說，日俄戰爭給中國造成的災難太大了。當此帝國主義在中國競爭的時候，飛機是國防上不可缺少的武器……假如中國有千百架飛機，分守住各個港口要塞，不但可以保衛祖國的領土，而且使帝國主義列強膽戰心寒，不敢再侵犯中國。一九〇六年，他回到三藩市便開始鑽研飛機的設計和製造。許多旅美愛國華僑熱情支持他，組成一個公司為他籌集資金。他學鳥兒飛行的原理，試制過三架飛機，都未成功。一九〇八年，馮如終於製成了一架試驗性飛機。一九一〇年六月，又試製成一架性能較先進的飛機。當時孫中山正在美國，特地去參觀馮如

製造的飛機，「贊勉備至」，勉勵他為祖國爭光。馮如試飛成功後，一九一〇年十月參加國際飛行比賽大會。馮如親自架駛自己設計的飛機，飛行高度三百一十米，時速一百零五公里，獲得優等獎，轟動了全世界，在我國航空史上寫下光輝的一頁。英國曾以重金招聘他任飛行技術教練，被馮如直言拒絕。他帶著自製的單翼飛機和三個助手（華僑青年朱竹泉、朱兆槐、司徒壁）於一九一一年三月回到祖國。武昌起義後，馮如聯合一些革命同志，準備組織北伐飛機偵察隊。不久南北議和，袁世凱竊國篡權，馮如的志願未能實現。一九一二年八月二十五日，馮如在廣州一次飛行表演中，不慎失事，受傷犧牲。臨終前，他還念念不忘祖國的航空事業，囑咐助手說：「吾死之後，爾等勿因是而失其進取之心。」我們為這位愛國的傑出的科學家的早逝深感惋惜。

近代中國製造飛機的除馮如外，還有劉佐成、李寶焌和潘世忠。馮如的設計製造活動在國外進行，而劉佐成、李寶焌、潘世忠三人則在國內。他們都是中國航空事業的奠基人。

劉佐成、李寶焌都是福建永安人，都曾在日本早稻田大學留學。他倆在日本留學期間，就潛心鑽研航空，合作製造飛機。

潘世忠，上海人，曾去法國學習機械製造技術，後改學航空。潘世忠不僅設計製造飛機，而且還會駕駛。

因劉佐成、李寶焌兩人在日本製造飛機小有名氣，駐日公使胡維德資助他倆帶著自己製造的飛機回國。後由陸軍出錢在北京南苑廡甸毅軍的操場內建築廠房，製造飛機。

一九一一年六月二日，劉佐成自造的二號飛機，在試飛時因翁渣利發動機曲拐軸損壞而墜落，飛機完全毀壞。不久，辛亥革命爆發，劉佐成在當年十一月參加湖北軍政府，與潘世忠一起製造飛機；李寶焌於一九一二年任南京衛戍司令部交通團飛行營大隊長。

一九一三年十月二十日,潘世忠曾設計試飛成功一架雙翼機,黎元洪等軍政要員無不親臨祝賀。可惜潘世忠因精神疾病而停止了航空活動。

劉佐成在李寶焌、潘世忠退出後,轉而從事航空教育事業,培養出一大批航空人才,成為近代中國航空事業的骨幹力量。

李寶焌是中國第一個撰寫航空論文的人,曾寫過一篇〈研究飛行的報告〉,發表在《東方雜誌》上。文中說:「夫飛機之製,不能以偶然觸悟而得。蓋其機點,不止一端,必以精細格致之理,推詳之後,將各端合而為之,始能應用。」他提出先解決局部,再綜合解決的科學方法。隨後,李氏提出造機十法,如風氣之力(空氣動力)、活機(發動機)、螺絲車拔(螺旋槳)、機體之廣寬(每單位重量的翼面積)等。李寶焌認為,製造飛機「以把持重心之事為最難,這是人類在早期飛機製造中碰到的最大問題」。在二十世紀初就提出這個重要課題,實在難能可貴。

劉佐成、李寶焌、潘世忠三人的航空活動,在時間上與馮如差不多,但他們的活動都在國內進行,他們的助手、學生,成為中國近代航空界的骨幹力量。李寶焌因他的論文成為中國航空理論的奠基人。

近代中國航空的起步並不算晚,而且也達到一定的水準,但航空先驅們的事業被中斷了,很是令人惋惜。其中的原因很複雜,中國當時處在半殖民地半封建社會,航空成為統治者塗脂抹粉的工具,他們並不知道航空對社會發展的意義,航空事業成為可有可無的事情,致使中國航空事業幼年夭折,航空史上的著名人物幾乎被人們遺忘。中國現代航空事業是幾個留美、留英的學生重新開創起來的。

自然科學的輸入和引進,推動了中國實用科技的初步發展,而基礎理論方面仍處於緩進狀態。近代科學的傳播、引進,使中國科技研究在方法論上發生重大變化。中國古代科技長期停滯在現象描述階

段，缺乏實驗手段驗證其普遍性，無法歸納成普遍法則。近代科技的引進開始改變這種狀況。數學領域微積分的引進，使數學研究從宏觀領域進入微觀領域，從相對靜止進入運動變化狀態。符號代數的出現，突破了舊的表達方式。科學術語的形成和制訂，建立了科學的系統性。化學中定量、定性分析的使用，使研究走向實驗階段。近代科學的譯介，推動了生產力的發展，培養了一定數量的科學家、工程技術專家和技師、技工，也推動了科技的普及和發展。同時，又改變了傳統的知識人才結構，造就出一批新型的資產階級知識分子，為改造半封建半殖民地的中國培養人才。自然科學的傳播和引進，引起人們思想觀念發生巨大變化，為科學世界觀的創立和發展，準備了必要的條件。

第六章
婦女運動

一　太平天國的男女平等政策

太平天國是農民發動的反抗封建壓迫和剝削的運動。太平天國從樸素的人人平等的思想出發，執行尊重女權的男女平等政策。宣稱「天下多男子，盡是兄弟之輩；天下多女子，盡是姐妹之群」。在政治上，婦女享有政權管理和接受文化教育的權利。女子不僅參軍打仗，而且各級王府中也有不少女官，如胡九妹、楊雲嬌（即洪宣嬌）曾任過女丞相。女子和男子一樣可以參加考試。在經濟上，「凡分田照人口，不論男婦」，女子的一切經濟待遇與男子同等。在婚姻上，廢除買賣婚姻，規定「凡天下婚姻不論財」，提倡一夫一妻，禁止買賣奴婢和娼妓，廢除纏足和迫害婦女的封建陋習。凡姦污婦女者，「斬首示眾」。所有宣揚男尊女卑的封建禮教一概廢除。所以，在太平軍中女將輩出，女兵如林。考試場上有女秀才、女狀元，諸匠營、百工衙中也有婦女參加生產勞動。據記載，太平天國的各級軍政機構中有六千五百八十多名智勇雙全的女官管理農民政權，有十多萬名英姿颯爽的女戰士拼殺在各個戰場上。廣大婦女成為一支生氣勃勃的反封建力量。

恩格斯讚揚傅立葉時說：「在任何社會中，婦女解放的程度是衡量普遍解放的天然尺度。」又說：「只有到大機器工業時代，婦女參加社會生產的時候，才有真正的經濟的政治的解放。」列寧也曾指出：「只有在反對這種瑣碎家務的普遍鬥爭開始了的地方，更確切地

說，只有在開始把瑣碎家務普遍改造為社會主義大經濟的地方，才有
真正的婦女解放，才有真正的共產主義。」因受歷史條件和階級局限
的制約，儘管太平天國的婦女解放運動，不可能達到恩格斯、列寧說
的那樣的高度，但在世界婦女解放運動史上卻寫下光輝的一頁。

二　戊戌時期的婦女運動

　　十九世紀末葉，隨著民族矛盾、階級鬥爭的加深，隨著民族資產
階級登上政治舞臺，作為變法維新一部分的要求婦女解放的呼聲愈來
愈強烈。康有為、梁啟超、譚嗣同等改良派代表人物，無不大聲疾呼
婦女解放。康有為在《大同書》中強調：「人皆天所生也，有是身體
即有其權利……男與女雖異形，其為天民而共授天權也。」他從「天
賦人權」的原則出發，大膽詳盡地陳述婦女所承受的各種「苦」，並
相應地提出婦女解放的種種要求。康有為的大同理想，醞釀、孕育於
中法戰爭時期，一八八七年寫成的《人類公理》，就曾要求男女平
等。譚嗣同在其代表作《仁學》中也明確指出：「男女同為天地之菁
英，同有無量之盛德大業。」他把男女不平等的現象看作封建倫常總
體的一部分而痛加抨擊。

　　不纏足、辦女學，被維新派視作實現男女平等的第一步。中日甲
午戰爭後，隨著維新思潮推演到資產階級政治改良運動，興辦女學這
一新生事物便應運而生。什麼是女學，梁啟超解釋說：古代「披風抹
月，拈花弄草，能為傷春惜別之語，成詩詞數卷」的只能是「才
女」，而不是「女學」。女學是「內之以拓其心胸，外之以助其生
計」，「知有萬古，有五洲，與天生人所以相處之道」。他們把婦女解
放和維新變法事業聯繫在一起，賦予其鮮明的愛國主義色彩。

　　幾千年來，封建的政權、神權、族權和夫權，緊緊地束縛著廣大

婦女，使她們處於窒息、愚鈍和卑賤的境地。而強迫婦女纏足，則為
世界文化史所僅見，中國婦女因纏足所受的痛苦和摧殘，在人類歷史
上也是駭人聽聞的。

　　纏足起源於唐朝或五代。纏足之俗形成後歷久不衰。到了近代，
康有為等維新派首次抨擊纏足是殘害婦女的惡俗，開始推動不纏足運
動。他們搬來西方資產階級革命時代「自由、博愛、平等」的武器，
向封建倫理綱常觀念挑戰。同時，他們以「天賦人權」為理論根據，
反對男女不平等，要求擺脫纏足之類的迫害。不纏足運動一開始就與
資產階級的反封建鬥爭緊密相連。

　　一八八二年底，康有為等在廣東南海創立不纏足會，起草會章。
規定入會者必須保證不替家中婦女纏足，對已經纏足而自願放足的，
則表示慶賀和表揚。後因康有為外出講學，此會漸散。一八八三年，
康有為又獨自在南海創辦不纏足會。

　　一八九五至一八九八年是不纏足運動的發展階段。一八九五年，
康有為、康廣仁再度宣導不纏足運動，並創立粵中不纏足會，由其兩
個女兒康同薇、康同璧帶頭不纏足，並現身說法暢談婦女不纏足的好
處。一八九七年四月，康有為、梁啟超、譚嗣同在上海以《時務報》
館的名義，發起組織不纏足會，章程規定：凡入會女子皆不得纏足，
男子不得以纏足之女為妻，已經纏足的在八歲以後者一律放足。同
年，京津出現了立天足會，湖南、福州、潮州也成立不纏足會。

　　當時上海各報刊都刊登不纏足會的活動，介紹其章程。湖南按察
使黃遵憲不僅參加不纏足會，而且親擬告示，明令禁止纏足，文告中
指出：夫妻應該平等，反對視女子為犬馬，或飾之如花鳥，作為「玩
好」的對象。黃遵憲大聲疾呼：纏足嚴重摧殘了婦女的健康，四萬萬
人半成無用之物，必將使民族衰弱。影響波及內地，禁纏運動推向全
國，大大改變了風氣，也提倡「同會之人互通婚姻」。

　　一八九八年「百日維新」期間，光緒皇帝採納康有為禁止纏足的
建議，於八月十三日發出上諭：「命各省督撫勸誘禁止婦女纏足」，這
是戊戌時期不纏足運動的頂點。但是慈禧太后發動政變，新政被廢
除。史實證明，只有推翻封建專制統治，才能廢止纏足惡習，還婦女
健美之天足，只有無產階級掌握政權，婦女才能從政治、經濟、文化
生活上真正獲得解放。

　　戊戌時期的不纏足運動，雖然談不上是自覺的婦女解放運動，但
畢竟是我國近代婦女解放的先聲，意義是深遠的。

　　一八九八年六月，第一所中國人自己創辦的女子學校——經正女
學在上海開學，主管者是維新派經元善。辦學模式仿照教會辦的女
塾。緊接著，先後辦有上海愛國女學、京師女子師範、天津北洋女子
師範、天津公立女子學校，南京、漢口、長沙、濟南、重慶、杭州也
辦了一批女學。內地較閉塞的地區，時間稍晚一點也都辦若干女學。
河南第一所華英女學是劉青霞女士在尉氏縣城辦的，教師聘請日本
人，初招學生五十餘人。女學的興起，不僅給不纏足運動擴大陣地，
也使婦女獲得受教育的神聖權利，從而使婦女開始接觸科學知識和近
代文明。

　　這時以興女學、不纏足為中心內容的婦女解放運動，僅處於啟蒙
階段，宣導者是幾個男性，尚未達到婦女自己起來求得自身解放的階
段。不纏足會等組織，還不是婦女團體，而只是開明家長之間的君子
協定，即「婚嫁章程」。他們相約自己的女兒不纏足，兒子要娶不纏
足的媳婦。倍倍爾曾說過：「被壓迫者缺乏獨立的邁出第一步的精
神，所以必須有鼓舞者和激勵者。近世無產者運動如此，婦女解放運
動也是如此。」婦女自組團體的出現和群體意識的形成，是二十世紀
初年才發生的事。

　　一九○○年，以農民為主體的義和團反帝愛國運動，席卷北半個

中國。義和團的首領們，雖然沒有提出婦女解放的什麼政策、主張，但是，他們繼承發揚了太平天國婦女解放的精神，把青年婦女組成「紅燈照」、中年婦女組成「藍燈照」、寡婦組成「青燈照」、老年婦女組成「黑燈照」，她們參加殺貪官、滅洋人的戰鬥，發揮了巨大作用。

三　辛亥時期婦女的覺醒和參軍參政運動

　　二十世紀初年，隨著資產階級民主革命的醞釀和愛國運動的發展，以東京、上海為中心，形成了一個資產階級、小資產階級知識分子群體。就全國各類學校看，在校男生約二百七十萬人，女生約十四萬人，其中中學女生約有萬人。一九○六年，中國留日學生約一點六萬多人，女生約百餘人。

　　留日女生，無不受到日本明治維新的刺激，接受西方新思想，力圖挽救貧窮落後、災難深重的祖國。國內長江中下游一帶女校較多的地區，女學生們積極籌辦報刊雜誌，逐步取代「男界」宣導婦女解放的局面。一九○二年，《蘇報》主編陳範之女陳擷芬主辦的《女學報》在上海出版。一九○七年，女革命家秋瑾在滬創辦《中國女報》。隨後又有秋瑾的學生創辦的《神州女報》出版。一九○三年金一寫了〈女界鐘〉一文，號召婦女參加革命，擺脫奴隸地位，社交公開，參與政事，婚姻自由，還提出「天賦人權」、民主自由以及新的道德觀、貞節觀諸問題。金一系統而深刻的論述，大大開拓了婦女們的視野。婦女的覺醒，表現在她們提出了許多和切身利害相關的問題，表現在她們要求平權、民主、自由的呼聲愈來愈強烈。辛亥時期，婦女經濟獨立、人格獨立、婦女合群、家庭革命、婚姻自主等問題都鮮明地提出來。此外，還提出廢娼、貞操、賢妻良母問題，天足

問題，「三從四德」[1]問題。

　　先進婦女在創辦報刊大造婦女解放輿論的同時，還積極投入愛國革命活動，以謀求自身的解放。她們從「家庭革命」走向社會革命，和整個資產階級民族民主革命運動相匯合。

　　一九〇〇年，唐才常在漢口發動自力軍起義，事泄失敗，先進女士周福貞、毛藏香、劉惠芳殉難。一九〇三年四月，留日學生在東京集會，聲討沙俄侵略東北的罪行，並組成拒俄義勇隊準備奔赴前線。簽名入隊者一百三十餘人，有十二名女生參加。在拒俄運動中，中國最早的一個婦女團體——共愛會宣告成立。一九〇四年三月，上海成立拒俄同志會，入會婦女近二百人。一九〇五年《中國白話報》號召諸姐妹起來進行「革命排滿」。

　　一九〇五年八月中國同盟會成立以後，許多先進婦女投入孫中山領導的民主革命的洪流，何香凝等人就是第一批加入同盟會的。女革命家秋瑾入會後被推舉為浙江省主盟人。一九一一年十月以前，同盟會領導的十次武裝起義，都有婦女參加。武昌起義，全國回應，給方興未艾的婦女運動開拓了更為廣闊的領域。漢陽關淑卿曾上書黎元洪請招募女兵，招來的一支女兵曾在漢口、南京直接參戰。另有辛素英組織中國女軍，擔任武昌城防。上海建立女國民軍、女子北伐光復軍、女子軍事團、同盟女子繼武練習隊、女子尚武會等組織。廣東組織女子北伐隊。也有組織赤十字會奔赴前線救死扶傷的，也有進行募捐支持戰爭的。

　　革命的根本問題是政權問題。從武昌起義到南京臨時政府成立前後，政治活動壓倒了軍事活動，與此相適應，婦女運動的目標也轉向

1　三從四德，中國古代歧視和壓迫婦女的封建禮教。三從，指未嫁從父，既嫁從夫，夫死從子；四德，指婦德、婦言、婦容、婦功，即要求婦女屈從男權，謹守所謂品德、辭令、儀態和手藝的「閨範」。

女子參政。她們紛紛將原有的團體改組為要求女子參政的組織。一九一一年十一月，社會黨女黨員林宗素在上海倡建女子參政同志會。三月十一日公佈的《中華民國臨時約法》，對婦女參政多所限制，女子參政會會員唐群英、林宗素等上書臨時大總統孫中山，要求修改約法，要求臨時大總統重法律、申女權。三月十九日，唐群英等二十餘人要求旁聽參議院討論被拒絕，遂發動了三次請願活動，孫中山出面調停，事態暫告平息。不久孫中山辭去臨時大總統，臨時政府北遷，辛亥革命在妥協聲中失敗，婦女參政活動失去依託，很快陷入低谷。二次革命失敗後，女子參政運動更煙消雲散，婦女團體也蕩然無存。

　　婦女參政運動失敗的原因是多方面的，但主要是領導這個運動的資產階級政黨不能肩負起這一歷史重任。同盟會中除孫中山、蔡元培、柳亞子等支持、同情婦女運動外，不少人持反對態度。如章太炎對婦女參政大加攻擊；多數人則漠然視之；也有些人在革命高潮時曾一度表示支持，只是為撈取聲譽罷了。同時，在一些女權活動家心目中，「女界」是一個狹小的圈子——女學生和大家閨秀，與勞動者無關。

　　資產階級領導的婦女解放運動失敗後，當年的積極活躍分子，有的堅持民主革命，繼續前進；有的隨波逐流，成為以後北洋政府的高級花瓶；有的則墮落為女政客；有的悲觀失望，遁入空門。

第七章
報刊

一　中國最早的報紙──《邸報》

　　中國最早的報紙──《邸報》，始於唐朝，是唐王朝的機關報。唐朝各藩鎮都在京師設邸（辦事處），由邸吏抄寫傳發的皇帝諭旨和臣僚奏議等官文書及有關的政治情報，稱《邸報》。

　　各朝代的《邸報》，都是由各地駐京官吏傳發的。《邸報》只供各級官吏、士大夫、豪紳閱讀，普通庶民是看不到的。《邸報》的內容包括：皇帝的詔書、命令和皇帝的起居言行；封建王朝的法令、公報；皇室的動態；政府官員的升黜、任免、賞罰、獎斥等方面的消息；各級臣僚的章奏疏表和皇帝的批語。

　　各封建王朝都有《邸報》稿件的預檢制度，稿件的取捨都須經過審批，凡不利於封建統治、不符合當權者利益的稿件不得見報，也嚴厲禁止《邸報》以外的任何報紙出版。

　　唐代《邸報》已經用紙，明崇禎年間始有活字版印本，清代《京報》由報房商人經營出版。清末僅北京就有報房十多家。《京報》用土紙和膠泥活字印刷，光緒末年改用木活字或鉛活字印刷。每日最多出十數頁，發行一萬餘份。

二 外國人在華的辦報活動

(一)第一批中文報刊

中國最早的中文報刊，都是外國人創辦的。他們實施這種文化侵略政策，其目的和在中國傳教、設立學校、醫院、吸引留學生一樣，都是為了「麻醉中國人民的精神」，「造就服從它們的知識幹部和愚弄廣大的中國人民」。鴉片戰爭前，外國人在南洋和華南沿海一帶創辦了六家中文報刊和十一家外文報刊。一八一五年八月，英人馬禮遜[1]和倫敦傳教士米憐在麻六甲出版《察世俗每月統紀傳》，「以闡發基督教義為唯一急務」。用木板雕印，印數五百到一千冊，免費在南洋華僑中散發，有一部分由專人帶往廣州。一八二一年停刊。《東西洋考每月統紀傳》是在中國出版的中文報刊。

這一時期在中國辦報的外國人，除馬禮遜、米憐外，還有郭士立[2]、麥都思、奚理爾、理雅格、裨治文[3]、伯駕[4]、衛三畏[5]等。這些

1　馬禮遜（1782-1834），英國傳教士。一八〇七年到廣州。在英國東印度公司任職二十五年，並先後任英國特使阿美士德和駐華貿易監督律勞卑的秘書兼譯員。曾多次建議英國政府在中國自設法庭，以取得治外法權。將《聖經》譯成漢文，又編撰《華英字典》。是西方殖民國家基督教（新教）派來中國的第一個傳教士。

2　郭士立（1803-1851），德籍基督教傳教士。一八三一年來中國，受英國東印度公司派遣，在上海等處販賣鴉片並進行偵探活動。一八三四年任英國駐華商務監督的翻譯。鴉片戰爭期間，任英國侵略軍在舟山的「行政長官」。一八四二年八月參與簽訂《南京條約》，後任香港英國當局中文秘書。

3　裨治文（1801-1861），一八三〇年被派到中國廣州的美國基督教傳教士。一八四七年遷上海。曾創辦並主編《中國叢報》，向美、英等國提供中國政治、經濟、地理、文化等方面的情報，鼓吹用武力強迫訂立不平等條約，以打開中國門戶；鼓吹傳教士違背中國法律，深入內地進行活動。一八四三年任美國專使顧盛的翻譯兼秘書，次年參與簽訂《望廈條約》。一八五八年在簽訂《天津條約》過程中，為美、英、法、俄四國代表列威廉等出謀劃策，並代譯重要文件。

4　伯駕（1804-1888），美國基督教傳教士兼外交官。一八三四年來中國，在廣州開設

早期的外報編輯、主筆具有某些共同特點：都披著宗教外衣，擁有神職人員的公開身份；都懂中國語文，熟悉中國情況，是當時的「中國通」；都參與過推銷和販賣鴉片的活動；都是列強侵華的幫兇。

（二）教會和傳教士的辦報活動

鴉片戰爭後，外國教會或傳教士的辦報活動從沿海擴展到華中、華東和華北，半個世紀內辦了一百七十種中外文報刊，約占當時報刊總數的百分之九十五。他們認為，要毒化中國人民的思想，辦醫院、學校、教堂固然重要，但收效沒有出版報刊來得快。這一時期教會和傳教士創辦的中文報刊主要有：《遐邇貫珍》、《六合叢談》、《中外新報》、《香港新聞》、《中外雜誌》、《教會新報》、《中國讀者》、《中西聞見錄》、《益聞錄》、《新學月報》……主編林樂知、李提摩太[6]、丁韙良、傅蘭雅、理雅格、李佳白、瑪高溫……都是隨軍來華的傳教士。

一八六七年，上海設立廣學會，次年創刊機關報《萬國公報》，是綜合性的時事刊物。曾停刊六年，一八八九年二月復刊，一九〇七

眼科醫院。一八四四年協助美國專使顧盛強迫清政府簽訂《望廈條約》。一八五五至一八五七年任美國駐華公使，曾主張侵佔中國的臺灣，並與英、法各國聯合提出「修約」要求，擴大侵華既得權力。一八五七年八月回國。一八七九年起在美國任中國醫藥布道會會長。

5　衛三畏（1812-1884），美國傳教士、外交官。一八三三年來中國傳教。一八三三至一八三五年在廣州參加編輯《中國叢報》。一八五五至一八七六年任美國駐華公使館參贊，曾多次擔任代辦。參與策劃《中美天津條約》。在中國達四十年之久。一八八七年任美國耶魯大學中文教授。著作有《中國總論》。

6　李提摩太（1845-1919），英國傳教士。一八七〇至一八八七年在山東、山西傳教。一八九一年任上海同文書局總幹事。該局改名為廣學會後，繼任總幹事，聯合基督教各團體擴大侵華活動。與洋務派李鴻章、張之洞來往密切，干涉中國內政。中日甲午戰爭後著《新政策》，要求清政府設新政部，聘請英國、美國四人主管新政，妄圖把中國變為英國的殖民地。同資產階級改良派也有聯繫，企圖利用維新運動。一九〇一年義和團運動失敗後，勒索地方賠款，創辦山西大學堂。

年七月又停刊。四十年中出版一千期,是傳教士辦的中文報刊中時間
最長、發行最廣、影響最大的一家。編輯和撰稿者林樂知、李提摩
太、丁韙良、狄考文……都是知名的傳教士。

《萬國公報》極力向中國知識界散佈崇外、媚外、懼外的思想,
但也叫嚷中學、舊學不可丟。和前一時期傳教士不同的是,他們長期
居留中國,對中國情況更為熟悉。如林樂知、李提摩太在中國呆了四
十多年,能講中國話,能寫中文稿件;都結交官紳,出入王公大人、
翰林御史之門,和洋務大員有密切關係;都長期從事報刊宣傳工作和
教育工作,有更大的社會影響。

《萬國公報》的讀者對象是中國的「為政者」、「為師者」。光緒
皇帝就曾購閱八十多種廣學會出版的書籍和全套《萬國公報》;張之
洞曾四次給廣學會捐款八千兩;李鴻章也把甲午戰爭期間「軍中往來
之電報底稿」派人送去,為它提供資料。

(三) 為殖民政策服務的外文報紙

兩次鴉片戰爭後,外國人來華劇增,一八四九年來上海的有一百
七十五人,一八九五年增至四千六百八十四人。各通商口岸辦有外文
報紙一百二十種以上,其中一八五〇年八月創辦於上海的《字林西
報》佔據特殊地位。創辦人奚安門,編輯李德立、鮑林、裨治文、林
樂知、丁韙良、巴爾福、麥克倫。最高發行量七千八百一十七份。是
在華出版時間較長、發行較廣的外文報紙。

(四) 外國人在華辦的中文報紙

外國人在上海、天津、北京、漢口、廣州、福州等地創辦了一批
中文日報。一八七二年英國人在上海辦了《申報》,德國人一八九五
年在天津辦了《直報》……以英國人辦的最早,日本人辦的最多。這

些報紙或由洋行洋商出面；或由文化團體出面；或由經濟侵略機構出面。像英國人辦的天津《時報》和日本人辦的《順天時報》，都是外國人擔任主筆（《時報》主編是李提摩太），自編自寫，不假手於華人；都露骨地為帝國主義侵華效勞。《時報》出版了五年自行停刊，《順天時報》出版近三十年。

《申報》、《新聞報》屬於另一種類型。《申報》是英國富商美查和伍華德、普萊亞、麥基洛四人合資創辦的，最後歸美查一人獨有。《新聞報》初由英國鉅賈丹福士創辦，後轉讓給美國人福開森。這兩家報紙的特點是：編輯和經理請中國人擔任，裝出一副「公正」的「替中國人說話」的姿態，自我定位是「華人之耳目」；自我定位是「商業」報紙，辦報的目的是為了「行業營生」，為了「謀利」賺錢。《申報》到一九一九年銷三萬份。《新聞報》到一九一九年銷四萬五千七百八十二份。為配合經濟侵略，這兩家報紙都熱心提供講壇，如鼓吹攫取路權；《申報》曾為英國在華銀行進行廣告宣傳。兩家報紙還刊載一些科場老手們撰寫的試帖詩和八股範文，也登一些「聳人聽聞」的「可驚可愕可喜之事」。

《申報》創刊於一八七二年四月三十日，至一九四九年五月二十七日上海解放時停刊，歷時七十八年，是我國歷史上最悠久的一份報紙。創辦者美查長期僑居中國，精通中國語言文字，原先販賣洋布和茶葉，因經營虧本轉而辦報。

《申報》起初銷量只有幾百份，後來美查銳意改進，親自深入採訪，力求新聞消息廣博迅速，以真情實況告知讀者，因而銷量逐步增長到幾千份。

一八八九年美查回國，《申報》轉讓給買辦席子佩。但經營不善，銷量停滯，一九一二年又以十二萬元轉讓給史量才、應季中等五人，並推舉史量才為總經理，請陳冷任主筆，張竹平為經理。《申

報》從此開始了新的發展時期，採取以下改革措施：一、大力羅致人才，改進業務；二、開闢國內外新聞網，擴大消息來源；三、擴大廣告範圍，做好發行工作；四、修建五層大廈，增添新式設備。由於內容逐漸豐富多彩，又有當時第一流的名記者黃遠生、邵飄萍等人寫稿，並購進美國新式印報機，加快印報速度，故銷量由三萬份上陞到五萬多份，到一九二六年增至十四萬多份。

《申報》要求停止內戰，救亡圖存，與蔣介石的對外妥協、對內鎮壓的政策發生矛盾，遭到蔣介石的忌恨。一九三四年史量才被蔣介石暗殺以後，兒子史詠賡繼承父業。因迫於形勢，《申報》的言論態度又趨向保守，各項社會事業也被迫陸續中斷。

一九三七年上海「八‧一三」戰爭爆發，《申報》於一九三八年十月遷回上海，借用美商哥倫比亞公司的名義復刊。一九四一年「一二‧八」太平洋戰爭爆發，《申報》由日本海軍報導部接收改組，派漢奸陳彬和出任社長。一九四五年抗日戰爭勝利，又由國民黨政府接收《申報》，派文化特務潘公展、陳訓悆分別任社長和總編輯，把《申報》變成一張維護蔣介石反動統治的所謂「民間報紙」，一九四九年上海解放後，《申報》停刊。

《申報》創辦初期，內容不多，政治新聞、國際消息都較少。以後逐漸重視國內外大事的採訪和記載，並且注意刊登市井瑣聞和社會發展變化的消息，還增加篇幅，闢出各種副刊和專欄，如「經濟專利」、「教育消息」、「商業新聞」、「科學周刊」、「通俗講座」、「醫學周刊」、「電影專刊」以及「讀者顧問」、「圖書周刊」和副刊「自由談」等。在所有副刊、專欄中以「自由談」歷史較長，影響也較大。對於招攬客戶刊登廣告，《申報》向來很重視。隨著廣告業務的發展，全盛時期廣告版面占整個篇幅的百分之五十左右，有時廣告版面超過新聞報導，使《申報》獲得許多利潤，積纍了雄厚的資本。從大量的廣

告、啟事中可以找到有關中國近代史和現代史的各種資料，如帝國主義的侵略，民族資本的興起和衰落，歷年幣制的變動，物價的漲跌，各地農村破產，以及各行各業發展情況等，廣告中也保留很多資料。出版印刷業怎樣發展，哪一家書局什麼時候開業，出版了哪些書刊，等等，都在《申報》廣告中有所反映。

（五）十九世紀後半葉報刊業務的發展

清代《京報》除報頭外，沒有標題，沒有社論，很少採寫新聞，印刷裝釘也很簡陋。鴉片戰爭以後，報刊的編輯出版有了很大改進，版面設計也有了明顯的變化。在印刷上，最早用木板雕印，十九世紀四〇年代從國外引進鉛活字和字模字架，七〇年代已經改用手搖印刷機鉛字印刷，隨後石印技術也被介紹到中國，石印和鉛印並存了一個相當長的時期。編輯、排版方面，開始使用標題；書冊式改為單頁式；出現專門欄目和編者的按語；開始重視新聞的採訪報導；出現「電訊」新聞和「號外」。同時，報上出現了新聞畫、文學、詩詞「副刊」，商業廣告所佔版面也越來越大。

三　資產階級改良派的辦報活動

（一）中國資產階級報刊的產生

中國人自辦報紙，始於一八五八年官僚伍廷芳在香港創刊的《中外新報》（日刊）。設有「京報全錄」、「羊城新聞」、「中外新聞」、「船期」等欄目。一八六四年，陳靄亭在香港創刊《華字日報》，主筆黃平甫、王韜、潘蘭史、賴文山、林子虬等。一八七三年七月，漢口辦《昭文新報》，艾小梅任主編，裝訂如書冊狀，用白鹿紙印刷。一八

七四年六月，容閎在上海創刊《彙報》。一八七六年十一月在上海經
商的「各口諸幫」辦《新報》。一八七九年，《維新日報》創刊於香
港，編輯陸驥純、陸建康、黃道生，一九〇八年劉少雲接辦，次年改
名《國民日報》，一九一二年停刊。一八八四年三月，《述報》創刊於
廣州，由海墨樓石印書局承印。一八八六年六月，鄺其照創刊《廣
報》於廣州，主筆有吳大猷等七人。

這些報刊，多數是亦官亦紳的人創辦的；鼓吹發展本國資本主義
經濟；鼓吹「開通民智」、「師夷長技」。在維護國家主權和民族尊
嚴、譴責帝國主義的侵略方面，態度是堅決、明朗的。

（二）宣傳政治改良的《迴圈日報》

第二次鴉片戰爭後，中國知識界釀成一股改革思潮。王韜一八七
四年一月在香港創辦《迴圈日報》，是第一份以政論為主的宣傳變法
改革的日報。王韜是著名的報刊政論家，他的《弢園文錄外編》是中
國第一本報刊政論文集。

鄭觀應也是早期改良派中著名的政論家。他寫的政論文，大部分
經王韜推薦在《迴圈日報》上發表，表現出強烈的愛國圖強和向西方
學習的思想，反映了民族資產階級上層的政治、經濟要求。他的政論
文集《盛世危言》影響很大。

（三）《中外紀聞》和《強學報》

康有為、梁啟超等人在戊戌變法期間，創辦三十多種報刊，宣傳
愛國救亡、變法圖強，起過重要的輿論作用。一八九五年八月，《中
外紀聞》在北京創刊。康有為、梁啟超、麥孟華任編輯，經費由康有
為、陳熾、張君勱資助。分「上諭」、「外電」、「譯報」、「各報選錄」
和「評論」等欄目。隨《京報》每期印發三千份。一八九五年八月北

京成立強學會，《中外紀聞》轉為該會機關報。康有為寫了震撼人心的〈強學會序〉。一八九五年十二月，康有為、黃遵憲、陳三立創設強學會上海分會，次年辦《強學報》。徐勤、何樹齡任主編。宗旨是「廣人才，保疆土，助變法，增學問，除舞弊，達民隱」。強學會被迫解散後，報紙也就停刊了。

（四）《時務報》

一八九六年後的兩年，是改良派利用報刊進行變法宣傳的鼎盛時期，其標誌是一八九六年八月九日在滬創刊《時務報》。籌辦人黃遵憲、汪康年、梁啟超、鄒淩翰、吳德瀟，開辦經費來自上海強學會的餘款一千二百元和黃遵憲、鄒淩翰捐款一千五百元。《時務報》是變法運動的一個重要基地。主筆梁啟超。旬刊，兩年內共出六十九期。編撰稿件者有麥孟華、徐勤、歐榘甲、章太炎等。經理汪康年。發行多達一點七萬份。梁啟超寫的〈變法通議〉，《時務報》連載四十三期，影響很大。

（五）改良派的辦報活動

一八九六年後，全國共建學會四十多個，創辦報刊數十家，兩者相輔相成，推動著維新運動的發展。

一八九七年二月，康有為、何穗田、梁啟超在澳門創辦《知新報》。何穗田、康廣仁任經理，撰稿人梁啟超、韓文舉、徐勤、吳恒煒、王覺仁等。《知新報》比《時務報》更加注意變法新政的報導。澳門是葡萄牙的租界地，受清政府限制少，可以暢所欲言，因此該報在澳門編輯，而寄回國內發行。一九○一年出至一百三十三期後停刊。

湖南的譚嗣同、唐才常，在瀏陽創立學會。湖南維新運動在巡撫陳寶箴、按察使黃遵憲、學政江標的支持下，有了進一步開展。一八

九七年四月《湘學報》（旬刊）在長沙創立，政治活動家和報刊宣傳家唐才常任主編。《湘學報》是一份介紹新學、開民智、育人才、圖富強的綜合性理論刊物。設「史學」、「時務」、「算學」、「交涉」等七個欄目，「講求中西有用諸學，宣傳變法主張和新政措施」。

一八九八年二月譚嗣同成立南學會，《湘報》是南學會的機關報。熊希齡、梁啟超、譚嗣同、唐才常任董事，唐才常兼任主編。陳寶箴每月從省庫中撥給二百兩銀子作經費，後「專歸商辦」。戊戌變法後，被迫停刊。

《湘報》發表不少宣傳變法維新的文章，呼籲保國、保種、保教，控拆帝國主義的侵華罪行，宣傳救亡圖強的愛國思想。《湘報》還轉載南學會歷次集會的演說詞、有關新聞、各地團體的文告、章程、啟事，比較集中地反映維新派的活動和政治主張。譚嗣同寫的文章，結構嚴謹，清新活潑，影響頗大。

此外，資產階級改良派也出版了不少兼載新聞評論和譯文的時事政治刊物。其中影響較大的有：《譯書公會報》、《渝報》、《蜀學報》、《嶺學報》、《香港通報》、《福報》、《廣仁報》、《富強報》、《東亞報》、《求是報》、《女學報》。這些報紙大多和各地學會有聯繫，主編多是康有為、梁啟超的門徒。

在「開民智」、「育人才」的呼聲中，改良派還辦了一批以介紹自然科學知識為主的報刊，如《農學報》、《算學報》、《新學報》。

這一時期，還辦過幾家完全用口語編寫的白話報刊，如一八九七年在上海創刊的《演義白話報》、一八九八年在無錫創刊的《無錫白話報》，但時間短，發行量小，並沒有在工農群眾中產生多大影響。

這一時期，上海辦有一批文藝報刊，如一八九六年創刊的《指南報》，一八九七年創刊的《遊戲報》、《笑報》和一八九八年創刊的《趣報》。創辦人李伯元、吳沃堯、歐陽巨元，既辦報，也搞創作。

他們寫的《官場現形記》、《二十年目睹之怪現狀》、《文明小史》，都曾連載發表。

（六）嚴復和《國聞報》

嚴復是譯介「西學」的啟蒙思想家，也是資產階級改良派的報刊活動家。他一八九七年十月在天津創辦《國聞報》、《國聞彙編》，目的是「通上下之情，通中外之故」。主編除嚴復外，還有北洋學堂總辦王修植、夏曾佑、內閣中書杭辛齋。嚴復、夏曾佑主旬刊，王修植、杭辛齋主日報。戊戌變法前所發四十二篇社論中，有二十三篇是嚴復寫的。

《國聞報》最大的貢獻是發表了《天演論》和《群學肆言》的部分譯文，首次向中國人介紹進化論。但嚴的文章精深難懂，削弱了宣傳效果。《國聞報》在宣傳保國會、百日維新方面，灌注了嚴復偏於保守的政治主張。

《國聞報》同其它改良派的報刊一樣，曾遭到封建頑固勢力的阻撓和破壞，為了保住這塊陣地，嚴復等人煞費苦心地採取應變措施：一、幾個主辦不公開出面，推福建人李志成當「館主」。寫文章都不署名，有事只在王修植家聚會商量。二、報館設在紫竹林租界。三、假盤給日本人，請了個掛名經理──西村博。由此才得以維持到戊戌變法後的第七天（這天還報導了「六君子」遇難的消息）。

（七）改良派的辦報思想

資產階級改良派從十九世紀七十年代開始辦報，經過近二十年的實踐，逐步認清報紙的性質、任務和作用。首先，認識到報紙具有強烈的政治性，是政治鬥爭的重要工具；其次，十分重視報紙的宣傳鼓動作用；第三，非常強調報紙在教育讀者、開通民智、提供新知、培育人才等方面的作用。

改良派報刊的特點是非常重視政論體裁。著名的政論家王韜、鄭觀應、梁啟超、麥孟華、徐勤、唐才常、譚嗣同等，創造了一種新穎的政論文體，稱「時務文體」。「時務文體」的特點是：「縱筆所至，略不撿束」；「平易暢達，時雜以俚語、韻語及外國語法」；「條理明晰，筆鋒常帶感情」。「時務文體」的代表當推梁啟超。梁啟超才思敏捷，文采飛揚，感情奔放，文字潑辣酣暢，風靡一時。但是，他的文章信口開河，紕漏百出；文字浮濫，堆砌、鋪張、排比充滿各篇；寫作態度也不夠嚴謹。

改良派除重視政論寫作外，在新聞業務上亦有所改進：加強編輯工作；注意新聞採訪；新聞圖片配合文字報導；增設文學副刊；一八九八年起改用白報紙兩面印刷，加快了速度，提高了品質。

四　資產階級革命派的辦報活動

（一）民主革命準備時期的資產階級報刊

一、《中國日報》。以孫中山為首的革命黨人的宣傳活動，是從一八九四年興中會成立後開始的。「要推翻一個政權，總要先造成輿論，總要先做意識形態方面的工作」。孫中山初期的輿論宣傳，十分艱難，一九〇〇年形勢發生重大轉折，同情支持革命的人越來越多。

一九〇〇年一月，《中國日報》在香港創刊，並作為興中會在香港的聯絡機關。一九〇〇年一月至一九〇六年八月孫中山的得力助手陳少白一直是《中國日報》的社長兼總編輯，任經理和編輯的有：王質甫、楊肖歐、陳春生、鄭貫公等十三人，馮自由是駐東京記者。《中國日報》的日刊，內容以政治、經濟新聞和評論為主。旬刊稱《中國旬報》，楊肖歐、黃魯逸主編，分「論說」、「中外新聞」、「中

外電音」等欄目，出至三十七期停刊。《中國日報》的特色是：每天必有一篇編者自己撰寫的評論；副刊《鼓吹錄》很受讀者歡迎。

六年中，《中國日報》著力宣傳組織會黨武裝起義；反清和反對民族壓迫；宣傳資產階級「民權」思想；介紹愛國救亡形勢。

這一階段，革命黨人在香港創辦的報刊還有《世界公益報》、《廣東報》和《有所謂報》。這三家報紙，文字通俗，內容多樣，副刊活潑。在這三家報紙任過總編的是鄭貫公。

二、留日學生的報刊宣傳。中日甲午戰爭後，革命黨人開始編印小冊子，如《揚州十日記》、《嘉定屠城記》、《廣州三日記》、《血淚書》、《訄書》等十多種。辛丑以後又有新的發展，如《天討》、《新軍政變記》、《黃帝魂》，等等。辛亥時期流傳最廣的是《革命軍》和《猛回頭》。

鄒容撰寫的《革命軍》一九〇三年五月出版，是當時發行量最大的一本小冊子。全文分「緒論」、「革命之原因」、「革命之教育」等七章，通俗地宣傳資產階級民主革命思想，洋溢著飛瀑般猛烈、沸水般熾熱、春潮浩蕩的感情。發行一百多萬冊。橫濱、香港、河內、新加坡都有封面作了偽裝的翻印本。

陳天華寫的《猛回頭》（1903年7月出版），是一部彈詞體裁的通俗小冊子，宣傳反帝愛國思想。和《革命軍》一樣，對推動革命運動的發展作出重大貢獻，但也帶有濃厚的種族復仇主義的色彩。

留日學生是首先覺醒的群體，在宣傳方面作出的貢獻很大，起了先鋒作用和橋樑作用。一八九九年冬，具有革命傾向的刊物《開智錄》在橫濱出版（半月刊），鄭貫公任主編，馮自由、馮斯欒撰稿。先後譯載盧梭的《民約論》、大井憲太郎的《自由原論》和《法國革命史》，初步宣傳資產階級的自由、平等和天賦人權的思想。一九〇〇年十二月，《譯書彙編》創刊於東京（月刊），戢翼翬、楊廷棟、楊

蔭杭、雷奮主編。開始以刊載譯著為主，次年第九期起改為「以著述為主，編譯為副」。一九○三年第十一期停刊。以「務播文明思想於國民」為宗旨。譯載過孟德斯鳩的《萬法精理》、約翰穆勒的《自由原論》。

留日學生創辦的具有革命思想的刊物是《國民報》（月刊）。一九○一年五月創刊於東京，出至第四期停刊。編輯撰稿者為秦力山、王寵惠、馮自由、衛律煌等人。

一九○二至一九○三年，留日學生中反清革命思潮漸漸形成，湧現出一批進步組織，辦了一批宣傳愛國救亡的報刊，其中主要有《遊學譯編》、《湖北學生界》、《江蘇》、《浙江潮》、《直說》等。這些刊物的中心內容是宣傳愛國救亡。一九○三年五月以後，在拒俄運動推動下，不少人由激進的愛國者轉為資產階級革命者。此後，這些刊物對帝國主義的侵略活動發出激烈的抨擊；把鬥爭的矛頭公開指向清政府，展開反滿革命宣傳；批判封建思想文化，批判改良思潮，傳播資產階級民主主義思想；也開始介紹討論科學社會主義。

三、改良派在海外的辦報活動。戊戌變法後，康有為、梁啟超逃亡海外。一八九九年七月，康有為在加拿大成立保皇會，隨之在日本、南洋、美洲創辦報紙，其中影響最大的是《清議報》和《新民叢報》。

一八九八年十二月二十三日，《清議報》（旬刊）在日本橫濱創刊。經費有英國人馮鏡如和馮紫珊、林北泉的投資，梁啟超逃亡時帶出的二百兩赤金，以及黃遵憲等人的捐款。此報得到日本官方的支持。主編梁啟超寫過三十一篇評論。協助梁啟超編報的是麥孟華、歐榘甲，秦力山、鄭貫公也曾任過助理編輯。《清議報》的宗旨是：聯絡中日情誼；「維護支那之清議，激發國民之正氣」；「增長支那人之學識」；倡民權，衍哲理，明朝局，勵國恥。但是，作為保皇黨的喉

舌，盡力宣傳的還是保皇，還是政治改良。康有為、梁啟超兩人的意見很不一致，康有為不讓在報上出現「革命」、「民權」、「自由」、「獨立」之類的名詞；梁啟超主張掛羊頭賣狗肉，欺世盜名，偽裝掩護。不過他倆的目的是一致的，都要保皇，實現君主立憲。

該報在編輯上借鑒日本的雜誌，除傳統欄目外增加許多新欄目，發表專論短評。一九○一年十二月《清議報》出至一百期，報社發生火災，館舍和設備全被焚毀，不得不停刊。

《新民叢報》一九○二年二月八日創刊於橫濱。半月刊，每期五萬字。開辦費一萬元，是馮紫珊、黃為之、鄧蔭南、陳侶笙、梁啟超分頭向旅日僑商籌措的。發行量最高時達一點四萬份。主編和撰稿人仍然是梁啟超。一九○二至一九○四年是梁啟超精力最旺盛、寫稿最多的兩年。協助梁啟超任編輯的有：蔣智由、韓文舉、麥孟華、馬君武、羅孝高等人，經常寫稿的還有狄平子、張東蓀、蔡鍔、黃遵憲等人。梁啟超寫的十餘萬言的《新民說》，連載數十期，系統闡述「新民」思想。《新民叢報》著重介紹各種新思想、新學說、新知識，以「開民智」。同時宣傳漸進、改良和君主立憲。

《新民叢報》的印刷比《清議報》精美，封面有套色，文字前有圖畫和照片插頁，紙張和裝訂較前更好。編排上還增設「學術」、「介紹新著」、「問答」、「飲冰室師友論學箋」等欄目。是當時最暢銷的報紙。

《新民叢報》鼓吹保皇、立憲，反對革命，起了很壞的作用。但在當時歷史條件下，對民族危亡形勢的剖析，對「逆後賊臣」賣國活動的揭露，對西學的宣傳介紹，促進了人們的覺醒，開闊了人們的眼界，促使人們從封建主義束縛下解放出來。

四、蘇報和《蘇報》案。《蘇報》一八九六年六月二十六日創刊於上海租界。胡璋的日籍妻子生駒悅任「館主」，鄒悅任主筆。這是

一份日商報紙，也是日本直接控制的文化侵略機關的報紙，用黃色新聞毒害讀者。一九○○年《蘇報》全部設備轉售給陳範，汪文溥任主筆，宣傳保皇立憲。一九○二年後，隨著革命形勢的飛速發展，陳範從支持改良派轉變到同情革命，《蘇報》也由此成為同情、支持革命的進步刊物。隨之，蔡元培、章太炎在上海成立中國教育會、愛國學社，《蘇報》遂成為它們的言論機關。一九○三年後《蘇報》的革命色彩越來越濃。

這一時期《蘇報》的主編是章士釗。一九○三年五月，鄒容在上海出版著名的《革命軍》，提出推翻清朝政府建立資產階級民主共和國的政治綱領。一九○三年六月九日，《蘇報》高度評介《革命軍》，同日還發表章士釗〈讀革命軍〉的書評。第二天又刊出章太炎作的〈革命軍序〉，把《革命軍》比之為震撼人心的「雷霆之聲」。同月，《蘇報》又發表章太炎寫的〈駁康有為論革命書〉，批判保皇改良，論述革命的重要性和必要性，是一篇充滿叛逆精神的革命檄文，也是一篇有巨大影響的論戰文章。

《蘇報》激烈的革命宣傳，引起清政府的嫉恨。一九○三年六月二十六日，兩江總督魏光燾派遣後補道俞明震去上海，和上海道袁樹勳密謀迫害《蘇報》。六月二十九日俞明震、袁樹勳向上海租界當局提出控訴，租界方面同意由工部局發出拘票，次日，抓走章太炎、陳仲彝、程吉角、錢允生、龍積之、鄒容。七月七日《蘇報》被查封。章太炎、鄒容臨難不逃，光明磊落，而吳稚輝卻去告密。章士釗和俞明震有師生之誼，受到暗中保護。張之洞、端方對此案也都插手干預，想把章太炎、鄒容引渡到中國法庭審理，但未能實現，而是交由租界的司法機關會審公廨負責審理。經七次庭訊，最終在一九○四年五月二十一日復訊後判決：章太炎監禁三年，鄒容監禁兩年。《蘇報》被判「永遠停刊」。這就是近代史上著名的《蘇報》案。

　　五、革命報刊活動的進一步開展。一九○二至一九○五年，革命報刊宣傳掀起第一個高潮。以上海為中心，除《蘇報》外，還辦了《大陸》、《童子世界》。

　　《大陸》創刊於一九○二年十二月（月刊），先後出版三十四期，是革命派在國內創辦的第一份報刊。創辦人和撰搞人為戢翼翬、秦力山、楊蔭杭、楊廷棟、雷奮、陳冷等，多數參與辦過《國民報》，從這個意義上說，它是《國民報》在國內的延續。分「論說」、「學術」、「史傳」、「小說」等欄目，以政論為主。

　　《童子世界》創刊於一九○三年四月六日，開始是日刊，油光紙石印，從第三十一期起，改為鉛印，旬刊。何梅士主編。是愛國學社辦的一份以青少年為對象的革命刊物。設七個欄目，用淺顯通俗的白話文，宣傳「外拒白種，內覆滿洲」和自由、平等的思想。一九○三年六月愛國學社被迫解散，《童子世界》也隨之停刊。

　　《蘇報》案之後，又有一批革命報刊在上海租界創刊，如《國民日報》、《警鐘日報》和《二十世紀大舞臺》。

（二）辛亥時期的資產階級報刊

　　一、《民報》及其宣傳活動。一九○五年八月二十日，以孫中山為領袖的中國同盟會在日本東京成立，提出「十六字綱領」，並創辦《民報》，標誌著中國資產階級民主革命進入一個新的階段。

　　一九○五年六月，《二十世紀之支那》創刊於東京，主持人宋教仁、程家檉，編輯田桐、陳天華、劉公等九人。同盟會成立會上，黃興提出《二十世紀之支那》社的半數以上社員都已加入同盟會，建議把它改組為同盟會的機關報，當場「眾皆拍手贊成」。一九○五年九月三日，接收者黃興、移交者宋教仁在孫中山的監收下，完成物資設備的移交手續。由於日本官方查禁，決定改名為《民報》，一九○五年十

一月二十六日在東京正式出刊。每期一百五十頁，七萬字左右，原定月刊，但經常脫期。《民報》以刊載政論文章為主，五年中發表的二百三十五篇稿件中，論說一百零七篇，時評六十二篇，譯文十六篇。

張繼、陶成章是掛名的編輯，實際主編前五期是胡漢民，第六期到第二十四期是章太炎（他獨自寫過五十八篇文章），最後兩期是汪精衛。撰寫過稿件的有章太炎、陳天華、胡漢民、汪精衛、朱執信、廖仲愷、宋教仁、劉師培等。十個主要編撰人的平均年齡不到二十五歲，是個年輕精幹的班子。《民報》一班人在宣傳上有一致的方面，也有不一致的方面，裂痕難以彌合，終於出現分道揚鑣的結局。

除編撰人員外，《民報》另有一個專門負責發行和印刷的班子，有宋教仁、曹亞伯、黃復生等七人。

除用集體筆名外，孫中山用個人名義在《民報》上共發表三篇文章。在孫中山的指導下，《民報》制定簡章，提出六大主義：顛覆現今之惡劣政府；建設共和國政體；土地國有；維持世界真正之和平；中國日本兩國國民之聯合；要求世界列國贊成中國之革新事業。

《民報》宣傳的重點是孫中山的民族主義、民權主義、民生主義。《民報》的反滿宣傳過了頭，產生了不良影響。在民生主義的宣傳上，理論上有嚴重缺陷。民族主義的宣傳占的篇幅最多。

《民報》宣傳的另一部分內容，是對世界上資產階級革命運動、民族解放運動的評介、報導和對西方進步文化、各種新思潮的介紹。

《民報》最高發行數一點七萬餘份，絕大部分通過各種巧妙的遞送方法，還採取封面偽裝的辦法向國內發行。北京的秘密發行所設在東交民巷使館區內。

二、《民報》和《新民叢報》的論戰。從一九〇六年四月開始的資產階級革命派和改良派的大論戰，是在各自的喉舌《民報》和《新民叢報》之間進行的。《民報》第三期上，發表了汪精衛寫的數萬言

的政論〈希望滿洲立憲者曷聽諸〉，公佈兩報〈辯駁之綱領〉，拉開了兩派報刊論戰的序幕。到一九○七年十月第十七期止，集中發了十多期論戰文章。論戰的問題集中在：民族革命問題；民主革命問題；社會民生和土地國有問題；革命是否會引起內亂和帝國主義的干涉問題。通過論戰，劃清了革命和改良的界線，鼓舞了人們的革命意志，但也暴露了革命派的嚴重弱點。人心的向背決定論戰中《民報》必然取得重大勝利。

　　三、上海、香港、湖北、京津等地的報刊宣傳活動。一九○五至一九一一年，革命派在上海出版了十四種報刊：《國粹學報》、《競業旬報》、《中國女報》、《神州日報》、《民呼日報》、《民吁日報》、《民立報》、《越報》、《中國公報》、《民聲叢報》、《光復學報》、《銳進學報》、《大陸報》和《天鐸報》，大多是刊載時事政治材料為主的綜合性報刊。

　　在廣州，革命報刊有十三家：《群報》、《珠江鏡報》、《國民報》、《廣東白話報》、《廿世紀軍國民報》、《嶺南白話雜誌》、《南越報》、《平民日報》、《可報》、《天民報》、《中原報》、《時事畫報》、《平民畫報》。這些報刊辦得平穩、隱蔽和含蓄，主要宣傳愛國主義思想，揭露清政府的黑暗，反對立憲保皇，介紹世界革命風潮，但還沒有向讀者介紹同盟會的綱領和孫中山的三民主義。

　　在香港，除了《中國日報》和鄭貫公創辦的《世界公益報》、《廣東日報》、《有所謂報》繼續出版外，新辦的報刊有九家：《日日新報》、《香港少年報》、《東方報》、《社會公報》、《人道日報》、《新少年報》、《真報》、《珠江鏡報》、《時事畫報》。這些報刊的主要編輯都是同盟會會員。由於是在香港出版，因此它們「敢言人之所不敢言」，帶有強烈的革命民主主義色彩。這些報刊中，編輯力量最強、影響最大的是《中國日報》。一九○五年十月以前，它是興中會的機關報。

主持《中國日報》的有陳少白、馮自由、謝英伯、盧信，馮自由主持時間最長。

一九〇五年後，湖北革命黨人在武漢辦的報刊有《楚報》、《武昌白話報》、《湖北日報》、《商務日報》、《雄風報》、《大江報》、《政學日報》、《夏報》、《鄂報》等。一九一一年一月創刊的《大江報》，負責人是詹大悲、何海鳴。

一九〇五年後，北京革命黨人辦的報刊有《帝國日報》、《國風日報》、《國光新聞》。天津有《光復學報》、《民意報》、《民國報》。山西有《晉學報》、《晉陽白話報》、《晉陽公報》、《山西民報》。山東有《濟南白話報》、《渤海日報》。陝西有《興平報》、《帝州報》、《麗澤隨筆》、《聲鐸公社質言》。浙江有《武風鼓吹》。江西有《自治日報》、《江西民報》、《贛報》。安徽有《安徽俗話報》、《皖江日報》、《通俗報》。廣東有《中華新報》、《嶺東日報》、《東莞旬報》、《香山旬報》。廣西有《灕江潮》、《獨秀峰》、《武學報》、《指南月報》、《南報》、《南風報》、《民鐸日報》、《西江報》、《梧州日報》。福建有《建言日報》、《警醒報》、《民心》、《廈門日報》、《福建日日新聞》、《南興報》。四川有《重慶日報》、《廣益叢報》。雲南有《雲南日報》、《義聲報》、《民意報》、《星期報》、《雲南公報》。貴州有《自治學社》、《西南日報》。奉天有《東三省民報》、《國民報》。廖仲愷、林伯渠在吉林辦了《長春日報》。新疆有《伊犁白話報》。

以上各省報刊，多數是當地的同盟會組織創辦的；秘密與公開相結合，以公開出版為主。

四、秋瑾和婦女報刊。中國第一個辦報的婦女是裘毓芳，她是一八九八年四月出版的《無錫白話報》的創始人。中國第一張婦女報紙是一九〇二年在上海創刊的《女學報》（月刊），由《蘇報》代為發行。一九〇三年《蘇報》被封，《女學報》也隨之停刊。不久在日本

恢復出版，後又停辦。《女學報》以婦女為對象，提倡女學，爭取女權，要求男女平等、婦女獨立。《女學報》的創辦人兼主編是陳擷芬，是《蘇報》發行人陳範的長女，上海愛國女子學校校長。她到日本後參加共愛會任會長，恢復出版《女學報》。

一九○二至一九一一年，出現了一批婦女主辦的以婦女為對象的報紙，如《嶺南女學新報》、《女子世界》、《婦孺報》、《白話》、《女子魂》、《世界燈學報》、《女鏡報》、《北京女報》、《中國女報》、《二十世紀之中國女子》、《神州女報》、《女報》、《婦女星期錄》。這些報紙大多在東京、廣州、上海出版，主編多是受過資產階級教育的知識婦女，有的還是留日學生。這些報刊，一類是單純以「提倡女學」、「開通女智」、「講論女德」、「尊重女權」和反對纏足為主旨；另一類也提倡女學和女權，但是和民族民主革命相結合，鼓勵婦女既要做女權運動的先鋒，又要做民族民主革命的鬥士。

《中國女報》主編是陳伯平，實際負責人是秋瑾，浙江紹興人，出身於小官僚地主家庭。一九○四年去日本自費留學，先後加入共愛會、三合會、光復會、同盟會。一九○六年回國，在上海創辦中國公學，從事革命宣傳活動。一九○七年七月計劃在紹興發動武裝起義，事泄被捕，慷慨就義。她是中國近代史上著名的資產階級民主革命家和婦女解放運動的先驅。秋瑾也是一位傑出的革命宣傳家。一九○四至一九○七年，她先後創辦兩份婦女報刊：《白話》、《中國女報》。《白話》社址在東京中國留學生會館，秋瑾自任主編，先後出版六期，是秋瑾主辦的第一份報紙，也是當時國內外很有影響的一份報紙。《中國女報》是秋瑾主辦的又一份婦女報紙，一九○六年春秋瑾和陳伯平在上海創辦，月刊。內容分「論說」、「譯編」、「小說」、「新聞」等七個欄目，自稱「以開通風氣，提倡女學，聯感情，結團體，並為他日創設中國婦人協會之基礎為宗旨」。秋瑾在發刊詞中把該刊

物比喻為指引中國婦女前進的「一盞神燈」。辦《中國女報》的目的，是為了把「中國之黑暗」、「中國前途之危險」、「中國女界之黑暗」，「奔走呼號於我同胞諸姐妹之前」，「使我女界生機活潑，精神奮飛，以速進大光明世界」。

秋瑾為《中國女報》寫的詩文，以激昂的辭句、犀利的筆觸，痛斥迫害婦女的封建買賣婚姻、封建綱常名教、封建宗法家庭制度和一切毒害婦女的思想；表示對祖國前途的憂慮和對媚外辱國的封建統治者的無比憎恨；洋溢著熱烈的愛國主義感情；具有鮮明的資產階級民主色彩。連載於《中國女報》的章回體長篇彈詞〈精衛石〉，是秋瑾的一篇未完成的作品（預定寫二十回）。寫一批內地婦女反對包辦婚姻，爭取婦女解放，走出封建家庭，結伴赴日留學，參加革命團體，進行民主革命，最後取得勝利的故事。主人公黃竟雄，是以作者本人為模特兒塑寫的。

辛亥時期的婦女報刊宣傳，把婦女解放和反清革命結合起來，在反對父權、夫權，主張男女平等、婚姻自由等方面發揮積極作用，同時促進婦女的覺醒，推動了婦女解放運動的發展。

（三）辛亥革命前後的資產階級報刊

一、報刊出版法的制定。由商部、巡警部、學部共同擬訂的《大清印刷物專律》一九〇六年七月頒佈，六章四十一款。規定印刷出版物都必須「明白印明印刷人姓名及印刷所所在」；凡印刷出版物「令人閱之有怨恨或侮慢，或加暴行於皇帝皇族和政府，或煽動愚民違背典章國制」者，即構成「訕謗」罪，處以十年以下的監禁或五千元以下的罰款等。

《報章應守規則》頒佈於一九〇六年，由巡警部擬訂，共九條，是前一法律的補充。規定凡新開報館必須經巡警所同意；嚴禁刊載

「詆毀宮廷」、「妄議朝政」、「妨害治安」、「敗壞風俗」以及涉及所謂「內政外交秘密」的文字等。

《大清報律》頒佈於一九〇八年一月，由商部、巡警部、民政部、法部共同起草，經憲政編查館議復後，奉旨頒行。是在前兩部法令的基礎上參考當時日本的報紙法制訂的。共四十五條。規定：報紙創辦前必須向有關機關辦理登記手續，並交納保證金；每期出版前必須送交地方行政機關或員警機關審查，禁止刊載「詆毀宮廷」、「淆亂政體」、「擾害公安」的言論，違者「永遠禁止發行」；國外出版的報刊違反以上規定者禁止入境，由海關沒收銷毀。

這些法令，矛頭指向資產階級報刊。據統計，一八九八至一九一一年至少有五十三種報紙橫遭摧殘、迫害，占當時報刊總數的三分之一。革命派、立憲派都反對清政府的限禁政策，而且採用巧妙的手法對付清政府的迫害。如雇用外籍人做名義上的發行人，假託為外商報紙，《國民日報》、《民吁日報》、《神州日報》均冒充過是英、法、日商人報紙。手法之二是使用化名。報刊內容警方預檢，有些報紙就故意「開天窗」，鬥爭效果很好。

二、革命派的辦報思想和報刊業務的改進。資產階級革命派自始至終十分重視報刊宣傳工作。一八九四年《興中會宣言》就把「設報館以開風氣」，列為「本會擬辦之事」。一九〇三年軍國民教育會把「鼓吹」排在第一位，然後才是「暗殺」和「起義」。一九〇五年同盟會成立後所辦的第一件事，就是出版自己的機關報。一九一一年同盟會中部總會成立後，召開的第一次幹事會，就討論「辦報」問題。說明他們積極自覺地抓報刊宣傳工作。

資產階級革命派對報紙的性質、任務、作用的認識，是不斷深化的。一九〇三年以後，西方資產階級的新聞學被介紹到中國。拿破崙的「報館一家，猶聯隊一軍也」、俾斯麥的「經營社會者，不可不利用報紙」，都轉引到中國。

資產階級改良派和革命派，並不諱言報紙的黨派性，但是仍然諱言報紙的階級性。他們給自己的報紙起了「民報」、「國民」、「民呼」、「民立」、「民聲」之類的名字；把他們所辦的報紙吹捧為「社會之公器」、「國民之代表」……用資產階級一個階級的利益冒充全民的利益。

從一九○○年興中會第一份機關報創刊，到一九一一年武昌起義，資產階級革命派進行了近十年的辦報活動，其特點是：一、報刊活動和民族民主革命緊密結合，報刊的戰鬥作用得到充分的發揮；二、有一支年輕的朝氣蓬勃的報刊宣傳工作者隊伍；三、報刊宣傳面有了擴大，報刊的文字也力求淺顯通俗；四、各自為政，缺乏統一領導。

這一時期報刊業務有不少新的改進，是發展最快、變化最大的一個時期。主要體現在：一、政論文的寫作。政論文一般占報刊三分之一的篇幅。每家報刊都有一支相對穩定的政論文作者隊伍，政論文多由編輯或主筆自撰。政論文影響的大小，成為衡量報刊品質高低的一個主要標誌。為彌補政論文篇幅較長，撰寫費時，連載數期，不能迅速地對新發生的事件作出反映的缺點，這一時期報刊上出現了時事短評的形式，這是個重大變化。二、新聞的採訪與寫作。新聞的欄目較前增多，消息的比重加大，數量也有明顯增加。不少報刊為了盡快把重要消息報導出去，繼續採用增出「號外」的辦法。記者工作受到重視，各報刊都有一支專業與業餘結合的記者隊伍。新聞的寫作也有所發展，消息的寫法有了改進，樣式逐漸增加，既有三言兩語、簡明扼要的短訊，也有數字較多、夾敘夾議的長篇新聞；既有就一個事件的專門報導，也有同一類事件的綜合報導。通訊體裁開始被一些記者掌握，並為各報刊普遍採用，出現了一批有影響的通訊作品和像陳天華、胡漢民、陳其美等受歡迎的通訊作者。「特寫」也出現了。三、編輯工作。編輯技巧有了較大改進，報刊的外貌有了明顯變化。首先

表現在版式的變化上，進入二十世紀後，報紙都改用白報紙雙面印刷，擺脫了書籍的樣式，不再似期刊，不像舊式線裝書。報紙版面每版增加到五至七欄，版面漸趨活躍。其次，稿件的編排打破論說─上論─各省要聞─本埠新聞的框框，而是把編輯認為重要的新聞、專電、通訊、論說，放在頭條顯著位置。字體也因稿件的重要程度不同而有區別。標點列入正文，使用編者按。第三，欄目的設置上增加了：「政界紀聞」、「外交紀聞」、「時聞袋」、「言論界」、「演說臺」、「國民之聲」、「社會聲」、「片金碎玉」、「上海春秋」、「實業」、「商學」、「醫學」、「學術」……。第四，標題文字日趨活躍，有明顯的政治傾向，有濃厚的宣傳鼓動色彩。四、副刊。各報普遍設置副刊，有專門的刊頭，多以詩歌、小說、戲曲、雜文為主要內容。五、新聞圖片和時事漫畫。和前一時期相比，畫報的數量大大增加。一般報刊也開始重視圖片宣傳。時事漫畫發展起來，配合文字宣傳，聲援反帝運動，鼓吹民主革命，啟發民族感情，支持革命鬥爭。六、新聞攝影和新聞照片。攝影和照片製版技術，早在十九世紀就已經傳入我國，但把這一技術運用於新聞的採訪和報導，在報刊上刊出新聞照片，則是二十世紀初葉以後的事情。最先刊出新聞照片的是《新民叢報》，其次是《江蘇》、《浙江潮》、《湖北學生界》、《中國新報》等報刊。國內報刊最先刊出新聞照片的是一九〇四年在上海出版的《日俄戰紀》。從攝影題材看，開始只是一些靜態的風景照、建築照，很快就轉為新聞人物照和動態的直接拍自現場的時事新聞照。從新聞技術看，報社可以自己攝影自己製版。七、發行和廣告。在發行上，為增加銷量，改專售為批給報販零售，給報販較多的批零差價。廣告業務得到重視，受到鼓勵。

五　北洋軍閥統治初期的報刊

（一）民國初年新聞事業的發展和袁世凱對報刊出版事業的迫害

　　一九一二年一月一日，南京臨時政府成立，推動了新聞事業的飛速發展。據統計，武昌起義後半年內，全國報紙由一百多種陡增至五百種，總銷量達四千二百萬份。新創辦的報紙大多集中在北京、上海、天津、廣州、武漢等大城市，有相當一部分是各省都督府辦的。還出現一些專門供婦女看的報紙和學術性報紙、文藝報刊、商業報刊。

　　和辦報高潮相配合，一些省也辦起通訊社。中國人一九〇四年在廣州自辦的中興通訊社算是最早的。隨後，一九〇九年李盛鐸、王侃叔在比利時創辦遠東通訊社。一九一二至一九一八年創辦的通訊社不下二十家。

　　這一時期新聞事業所以迅速發展，客觀原因是：舊的禁令的廢除，新的法律的保護，各地軍政當局的支持。但是「黃金時代」很短暫，繼《民國暫行報律》之後，有的省也制定《報律》，限制新聞事業。

　　袁世凱竊國篡權以後，曾創辦御用報紙，充當喉舌；收買一部分報刊，以為己用；又限制言　論自由，對反對他的報刊進行摧殘和迫害。據統計，袁世凱上臺後的四年中，全國報刊至少有七十一家被查封，四十九家受傳訊，九家被搗毀，二十四名新聞記者被殺害，六十人被捕入獄。

　　北洋軍閥統治時期，言論、出版自由繼續受到限制。辦報成為一部分資產階級文丐賣身投靠、營私牟利的手段。多數報紙的館舍和編輯出版條件十分簡陋。新聞業務工作有所改進，但進展不大。以「鴛

鴛蝴蝶」為中心的報紙副刊和小報、期刊氾濫一時。通訊社有了進一步的發展。

（二）民國初年的新聞記者和新聞學研究活動

民國初年，記者的社會地位有所提高，競爭也相當激烈，一些大報派駐北京的記者，寫作水準較高，湧現出一批著名的新聞記者：黃遠生、邵飄萍、林白水、劉少少、徐淩霄、胡政之。他們都受過資產階級教育，其中多數是留日學生；接觸過現代資產階級新聞學理論，有一定的辦報經驗；又有較好的中學、西學基礎，有熟練的文字表達能力。

邵飄萍（1884-1926），名振青，浙江金華人。十八歲畢業於浙江高等學堂。畢業後，一面教書，一面為上海各報撰寫地方通訊。一九一二年和杭辛齋合作，在杭州創辦《漢民日報》，自任主筆。曾被捕三次，下獄九個月。被浙江新聞界推為省報界公會的幹事長。一九一三年八月《漢民日報》被封，他去日本入東京政法學校學習。一九一六年回國，先在《申報》、《時事新報》、《時報》任主筆，後任常駐北京記者。一九一八年十月在北京創辦《京報》，自任社長。他畢生從事新聞工作，是民國初年新聞界一個不可多得的全才。邵飄萍比黃遠生進步，很早從事反袁鬥爭，支持孫中山領導的二次革命。邵飄萍在新聞的採訪和寫作上，具有突出的才能，能得到一些高品質的獨家新聞。

新聞學研究方面，翻譯出版了日本人松本君平的《新聞學》（1903年商務版）和美國人休曼的《實用新聞學》（1913年廣學會版）。最早去日本學習新聞學的是邵力子，其次是徐寶璜。從一九一八年起，北京大學增設新聞學課程。同時，中國第一個新聞學團體——新聞學研究會一九一八年十月十四日成立，由北京大學校長蔡

元培發起組織。每周活動兩三次。事務所設在北京大學。會刊為《新聞周刊》。此會由徐寶璜教授主持，導師邵飄萍。

（三）新思潮的傳播和激進革命民主主義者的報刊活動

一九一七年十月革命爆發後的第三天，北京《晨鐘報》、上海《民國日報》就以大字標題登出消息，表達中國人民對這一偉大勝利的驚喜和仰慕心情。「民主」和「科學」的宣傳，也開始為一些報刊所重視。

民國初年，魯迅應邀到南京和北京教育部任職，同時給報刊撰稿。一九一二年一月《越鐸日報》創刊於紹興，經費來自陶成章在紹興的北伐籌餉局的一百元餘款。擔任編輯和經理工作的陳去病、張越民、陳子英、馬可興等十二人，絕大多數是南社成員，和光復會有著密切聯繫。魯迅十分支持這張報紙，被推為名譽總編輯。創刊號上登有魯迅寫的〈越鐸出世詞〉，為該報規定主旨，並建議設計幾個專欄。在魯迅的熱心指導下，《越鐸日報》起初辦得很有起色，評論、新聞很受讀者歡迎，銷路最好時達一千七百餘份。不久，報社內部的右翼分子掌握大權，篡改報紙的方向，對南京臨時政府採取敵視態度，稱袁世凱是「統一山河」的「民國功臣」，包庇殺害秋瑾的主謀章介眉的罪行。魯迅對《越鐸日報》的轉向極為不滿，他反對一些人接受王金髮的變相津貼。

和魯迅有密切往來的第二份報紙《民興日報》，一九一二年四月創刊於紹興，是被排擠出《越鐸日報》的宋紫佩等人創辦的，以敢於揭發當地黨棍和豪紳們的劣跡有名於世。參加寫稿的有周仲翔、周建人、范愛農等。日銷三百份，同年十一月因經濟困難停刊。

報刊的產生和發展，從來是政治鬥爭的伴隨物，從來是一個階級對另一個階級，一個政治集團對另一個政治集團進行政治鬥爭的輿論

工具。一部中國報刊史，也就是一部反侵略者與侵略者、革命派與反
革命派、進步者與保守者相互論戰的歷史，也是對人民言論的鎮壓與
反鎮壓的歷史。在這一鬥爭中的報刊，有主張維持舊秩序者，有主張
借西方技術以維護國粹者，有主張改良者，有主張革命而不能徹底論
者，也有革命的徹底論者。諸家報刊，有的興起，有的沉淪；有的前
進，有的倒退。一部中國近代報刊史是中國近代史的一個側面，近代
史有多麼複雜，近代報刊史也就有多麼複雜；近代史經歷多少曲折，
近代報刊史也經歷著同樣的曲折。中國的仁人志士，為利用報刊這一
講壇以伸張中國人民的志氣，為爭取中國人民之言論自由，為推翻反
動統治而登高一呼，因而拋頭顱、灑熱血、入牢獄者，無可勝數。譚
嗣同、鄒容、章太炎、陳天華、邵飄萍等人，就是中國近代進步報刊
的先驅者。

第八章
宗教

一　清末三大宗教概況

（一）基督教在華傳播之回顧

　　基督教起源於公元一世紀的巴勒斯坦，流行於羅馬帝國。基督教信仰上帝創造並主宰世界，以《舊約全書》和《新約全書》為聖經。隨著羅馬帝國的分裂，基督教分化為東西兩派，並逐漸形成教皇制（主教）。東派教會以君士坦丁堡為中心，自稱「正教」即東正教；西派教會以羅馬為中心，自稱「公教」，即天主教。到十六世紀，西派教會內部又發生了反對教皇封建統治的宗教改革，並陸續分化出脫離天主教會的宗派，稱為「新教」。

　　基督教於唐貞觀九年（公元635年）傳入中國，時稱「大秦景教」，簡稱「景教」。十五世紀末十六世紀初，首批西方天主教傳教士來到中國傳教，而基督教（新教）傳教士首次來華，是在一八〇七年。鴉片戰爭後的一八四四年十月，法國強迫中國簽訂《黃埔條約》，規定法國人可以在各通商口岸建立教堂，允許自由傳教。一八五八年的《天津條約》也有「傳教寬容」的條款。

　　為了使基督教能被中國人接受，傳教士們注意把基督教義和儒家思想結合起來，美國新教一八六〇年派傳教士林樂知來中國，他是鼓吹「孔子加耶穌」的第一人。美國傳教士李佳白於一八八二年來中國，在山東煙臺、濟南傳教，一八九七年在北京籌建尚賢堂，一九〇

二年遷往上海。尚賢堂以「擴充封建舊識和啟迪基督新知」為宗旨。大部分傳教士都是一手拿《聖經》，一手拿《四書》。到十九世紀末，中國的天主教徒已有七十萬人，基督教徒約八萬人，成立基督教青年會二十八個。

一六九五年，北京建立了第一座東正教堂。

清末基督教的傳播有兩重性：一方面傳播「西學」；一方面成為帝國主義侵華的工具。

中國的基督教會從一開始就操縱在西方傳教士手中。隨著西方列強不斷擴大對華政治、經濟、軍事侵略，教會勢力也插手中國政治，為帝國主義侵華效力。鴉片戰爭前夕，馬禮遜鼓吹對華實行「領事裁判權」；第二次鴉片戰爭中，東正教傳教士為英法聯軍提供北京地圖；戊戌變法中，李提摩太推波助瀾；義和團運動失敗後，傳教士們竭力鼓吹瓜分中國。這都充分表明其侵華目的。

為了培養崇洋媚外的洋奴，傳教士配合傳教，從十九世紀四〇年代開始便在香港和各通商口岸興辦學校。一八四九年創立的上海徐匯公學是天主教辦的最早的學校之一。天主教所辦學校大多為小學。基督教（新教）不僅要求學生信教、傳教，更希望他們能成為政府機關和企事業單位中的「領袖」，以影響中國的政治、經濟和文化教育。新教以辦中學為主，並逐步開辦大學。最早的大學是一八六五年美國長老會在山東登州開辦的文會館（後遷濟南，更名為齊魯大學）。

為了加強對中國教育事業的控制和壟斷，一八九〇年新教成立中華教育會，編寫教材，制定教育方針、計劃和措施，指導基督教育。

基督教會在中國除了出版大量宗教書籍外，還出版一些數理化、醫藥和外國史地、政治等書籍。其最大的出版機構是英、美基督教新教傳教士於一八八七年在上海創立的廣學會。李提摩太長期擔任該會總幹事。廣學會出版的書刊以《萬國公報》最著名。

　　基督教會在中國開辦醫院始於一八三五年。這一年美國傳教士伯駕在廣州創立眼科醫局。廣州的博濟醫院一八六六年設立中國最早的西醫學校。教會醫院和學校，把近代西方醫術、藥劑、醫學、護理引入中國，培養了一批西醫西藥和護理人才。此外，基督教會還舉辦慈幼、賑濟等慈善事業，以搏取中國人的好感，發展教會勢力。

　　由於基督教會霸佔土地，干涉內政，包庇教民，魚肉百姓，釀成眾多「教案」。甲午戰爭前四十年，全國發生大小教案三百多起。《辛丑合約》簽訂後，各教會改變了手法，新教、天主教徒猛增，唯東正教因受日俄戰爭影響，發展仍不顯著。

（二）清末佛教概況

　　康熙、乾隆提倡念佛，至乾隆、嘉慶年間，全國有僧侶八十萬人。朝廷設僧錄司，府設僧綱，州有僧正，縣有僧會，專門管理佛教事務。但政府對俗人出家、僧侶和寺院實行嚴格的管理和限制。太平天國戰爭中，南方諸省寺廟遭到嚴重破壞。百日維新期間，光緒下詔興辦新學。湖廣總督張之洞帶頭宣導「廟產興學」，沒收寺廟財產，十分之七充當教育經費，一時出現了驅僧、毀像、占廟、提產等毀佛運動。雖經一番波折、鬥爭，但佛教的衰落頹勢終無法挽回。

　　為佛教的「中興」作出重大貢獻的是著名居士楊文會。楊文會（1837-1911），字仁山，安徽石埭人。他從日本、朝鮮搜求佛教各派典籍，一八六六年在南京創設金陵刻經處，經營刻印佛經事業。他與各方學者、高僧研討佛學。一九〇七年創辦佛教學堂祇洹精舍，招生教習佛典和梵文、英文，並研究佛學，培養了如歐陽漸（歐陽竟無）、梅光羲、釋太虛、釋仁山等一批佛學人才。譚嗣同在《仁學》中也明顯流露出佛教思想。資產階級革命派章太炎也深受楊文會的影響，他因「蘇報案」入獄三年期間，研讀佛學著作，以後在《民報》上還發表有關佛學理論的文章。

　　辛亥革命前，佛教僧侶受民主革命思想影響而參加同盟會活動者
甚多。宗仰法師與孫中山關係密切，對辛亥革命貢獻很大。華山法師
為同盟會員。棲雲法師曾留學日本，參加同盟會，回國後在僧侶中宣
傳革命，參加黃花崗起義。諸僧們在支持、參加革命的同時，均主張
革新佛教，認為只有推翻清王朝，刷新政治，佛教才能新生。一九一
一年武昌起義後，各地僧侶曾組織義軍與革命軍並肩作戰。

　　中國佛教的禮儀、節日，至清代保留有瑜珈焰口（施餓鬼）、梁
皇儀、慈悲水懺、金剛儀、大悲懺以及如來佛祖生日和成道日、觀音
菩薩生日和成道日等。相信淨土宗、以念佛為主的居多；禮拜的對象
主要是如來和觀世音。善男信女們將佛和菩薩當作有求必應的神靈，
為祛病除災、生子發財而祈禱。平時則有放生、禁殺生、吃齋等活動。

（三）清末伊斯蘭教概況

　　自唐代開始伊斯蘭教傳入中國。此後有回、維吾爾、哈薩克、塔
塔爾、塔吉克、柯爾克孜、烏茲別克、東鄉、撒拉、保安十個民族的
絕大多數人信奉伊斯蘭教；蒙、藏、白、傣等民族中也有少數信徒。
伊斯蘭教在西北五省（區）最為集中，回族穆斯林在雲南、山東、河
北、河南等省區也有「大分散、小聚居」的情況。

　　清政府對伊斯蘭教採取的是高壓政策。《大清律》規定，回教人
犯罪要加重處罰。清政府實行鄉約制度，利用上層人士控制穆斯林，
並利用新老教派和門宦制度[1]挑動教派鬥爭，破壞穆斯林的團結。同

1　門宦制度，伊斯蘭教中的神秘主義與中國封建制度相結合的產物，是教主兼地主的
　　政教合一制度。門宦制度的核心是高度集中的教主神權。門宦的掌教者擁有至高無
　　上的宗教神權和政治、經濟特權，既是門宦教民的精神領袖，更是他們的世俗領
　　袖。教主自稱是教德與真主接近的媒介，對教徒有生殺予奪之權。主要流行在甘
　　肅、青海等省。

治年間，陝甘回民大起義，遭清軍大屠殺，陝西回民十不存一，甘肅回民則三去其二。

　　辛亥革命和各地光復之役，均有穆斯林參加。民國建立後，宣佈漢、滿、蒙、回、藏五族共和，使穆斯林第一次在政治上取得平等的國民地位。《臨時約法》又明文規定「信教自由」，於是一九一二年成立中國回教俱進會，本部設在北京，各省縣均設支分部。

　　伊斯蘭教具有世界性，號召力極強，帝國主義列強都力圖利用伊斯蘭教分裂中國。日本人曾在甘肅、上海等地煽動中國穆斯林組織「狼頭會」，總會設在新疆迪化（今烏魯木齊），設分部於甘肅莊浪、青海、東三省、江寧、濟南、青島、大連、長安等處，並設交通部於天津、上海、香港、廈門等處，陰謀策劃回民「聯合獨立」。

二　北洋時期四大宗教的興衰

（一）北洋時期的基督教活動

　　袁世凱竊國篡權後，承認清朝政府與列強簽訂的不平等條約，天主教在華因之迅速發展，一九一八年教徒已增至一百九十萬。但中國愛國教徒反對外國傳教士繼續控制中國教會，主張培養中國的傳教士。

　　天主教會「中國化」運動所採取的措施有：任命中國籍神甫擔任高級教職；增加中國籍神甫；利用中國教士廣泛發展教徒。

　　穆德（1865-1955），基督教青年會世界協會北美協會負責人，並有其它多種任職。他在一八九六至一九四九年先後九次來華，與中國基督教（新）和青年會的活動有密切關係。

　　一九一三年穆德來華，召集各差會負責人在上海成立中華續行委員會，以在各差會間互通聲氣、宣導合作為宗旨；並決定對中國社會

各方面進行一次全面調查，目的是「要在中國更迅速更有效地宣傳福音」。一九一八年成立特別調查委員會，一九二二年出版《中華歸主》一書。

　　一九一二年，中華教育會更名為中華基督教教育協會。隨後美、英、愛爾蘭和中國代表參加的中國教育調查團，一九二二年出版英文版《基督教教育在中國》一書，高度評價教會學校的作用，強調加強基督教教育，「把中國變成一個基督教國家」。

　　孫中山一八八三年在香港接受洗禮加入基督教，陸皓東、陳少白、鄭士良也是基督教徒。很多新教教徒成為革命者。孫中山臨終前說：「我本基督教徒，與魔鬼奮鬥四十餘年，爾等亦要如是奮鬥。」顯然是對基督教義賦予了新的革命內容。

　　中國愛國教徒積極支持、參加革命活動，而西方傳教士和華籍上層神職人員則反對革命，反對孫中山，擁護袁世凱。這中間鬥爭是十分激烈的。

（二）佛教的復興

　　民國初佛教復興運動中，一個重要人物是釋太虛。太虛（1889-1947），法名唯心，浙江崇德人。十六歲在蘇州出家，從學敬安法師，後受華山法師影響，以佛教救國救天下為己任。民國初致力於佛教復興和革新運動，籌辦佛學院和刊物，推進佛教文化研究，發起組織中國佛學會和佛教會，成為中國新佛教運動的領袖。他曾發起組織世界佛教聯合會，多次到海外講演佛學。抗戰後任中國佛教整理委員會主任委員，著有《太虛大師全書》。

　　民國初年，楊文會的學生歐陽漸、李政綱、邱晞等居士發起組織中國近代第一個佛教組織中國佛教會，辦事處設在南京，並創辦月刊。楊文會的另一學生釋太虛反對歐陽漸的言行，與仁山等組織中國

佛教協進會，以教理、教制、教產三大革命作為號召。與此同時，揚州的謝无量組織佛教大同會。這三派雖然分歧很大，但都主張復興和革新佛教。於是江浙諸佛教名山的長老請敬安出面組織統一的中華佛教總會，並勸告歐陽漸、謝无量取消組織，得到同意。一九一二年四月，中華佛教總會在上海留雲寺召開成立大會，提出「保護寺產，振興佛教」的口號；並得到南京臨時政府同意，下設二十多個省支部和四百多個縣分支部。後由袁世凱大總統以教令形式頒佈中華佛教總會章程。一九一三年二月，該會在上海靜安寺再次召開大會，推選冶開、熊希齡為會長，成為獨立、統一的全國性佛教團體。太虛主編該會刊物《佛教月報》，主張整頓佛教。同年六月，內務部頒佈《寺廟管理暫行規則》，規定寺產不得變賣、抵押、贈與或強佔。

　　楊文會去世後，其弟子金山寺僧月霞在杭州海潮寺創辦華嚴大學，為中國第一所佛教大學。「五四」運動後，太虛相繼創建武昌佛學院、廈門閩南佛學院。武昌佛學院董事長為梁啟超，教材取自日本佛教大學，管理參用佛教叢林制度[2]培養青年僧侶。一九二二年歐陽漸在南京設立支那內學院，從事佛學研究和整理出版藏經，在梵、漢、藏文獻比較研究上取得一定成就。一九二四年，大勇和尚從日本學習密宗[3]後回國，在北京創辦佛教藏文學院，開內地傳佈密宗之先聲。該院與太虛創建的重慶漢藏教理院均為培養喇嘛教人才、交流漢藏佛學，作出一定貢獻。

　　在佛教典籍出版方面，金陵刻經處繼續刊刻經書。一九〇九年第一部鉛印大藏經《頻伽藏》出版發行，一九二三年上海淨業社影印發

2　叢林制度，佛教中將僧眾聚居的寺院稱為叢林。寺院裏的法規制度，即稱為叢林制度，亦稱「清規」、「僧禁」。

3　密宗，佛教教派之一。唐代傳入日本後，中國國內除西藏佛教以密宗為主外，內地已絕。

行日本《胆字續藏》，一九一二年中國佛教會狀一乘、狄楚卿在滬主
辦發行《佛學叢報》，一九一三年中華佛教總會釋太虛主持出版《佛
教月報》。梁啟超把佛學研究引入思想史、哲學史研究領域。梁啟超
早年即對佛學產生濃厚興趣，系統地研讀大量佛經，聽歐陽漸講授唯
識法相學，隨後把所寫論文匯編為《佛學研究十八篇》。梁啟超在清
華、南開等大學曾專門講授佛學。楊度研究佛學十多年，受禪宗頓悟
的影響，提出要建立一種去除一切迷信神秘成分（如靈魂、地獄、輪
迴等）及違反生理之戒律的「新佛教」。他解釋新教義，謀求改進社
會、普度眾生、一齊成佛，希望佛教成為救人濟世的精神武器。章太
炎強調佛教思想應起應時濟世的作用。他還認為佛學不是宗教說教，
而是哲學道理，故「佛法只與哲學家同聚，不與宗教家同聚」，「是哲
學中間兼有宗教，並不是宗教中間含有哲學」。

（三）楊增新與新疆伊斯蘭教

楊增新（1864-1928），字子周，又字鼎臣，雲南蒙自人。一八八
九年中進士，在甘肅歷任知縣、知州、道員，一九〇七年調新疆。一
九一二年被袁世凱任命為新疆軍政府都督，北洋政府時期一直統治著
新疆。一九二八年被南京政府任命為新疆省主席，同年被刺身亡。著
有《補過齋文牘》百卷，未刊稿數十卷。

楊增新瞭解伊斯蘭教，但不相信宗教，他認為：「凡宗教皆假天
堂地獄之說以惑人」，「穆罕默德亦不能為福為禍於人」。但他又認為
宗教是世俗統治的極重要的輔助工具，「政令不能一者，宗教得而約
束之；教育不能及者，宗教得而收納之；各國宗教不一，而勸人為善
之旨相同」。基於這種認識，楊增新在新疆統治期間對伊斯蘭教採取
撫綏和利用的政策。他指出，新疆與中亞有歷史淵源，宗教同，人種
同，都屬大一回教範圍，如果壓制新疆穆斯林，恐招致內外聯合反

對；而且新疆漢人不過百分之一，如不能利用回纏，增新便不能立足於新疆。

辛亥革命時，楊增新招募五營「回隊」鎮壓哥老會起義。他十分重視宗教上層人士，曾兩次幫助哈密王鎮壓農民起義，兩人並結為兄弟。

楊增新還極力拉攏、利用伊斯蘭教的阿訇。他反對政府派充阿訇，而主張由教民自行延請阿訇；他禁止行政干涉宗教事務，但對阿訇的傳教授經有嚴格限制，不允許甘肅、青海等省的阿訇來新疆傳教，不允許新疆甲地阿訇到乙地傳教；不許私開道堂；不許念《古蘭經》、《聖訓》之外的任何經典，以防有人「擅傳邪教，謀為不軌」。

當時，俄、英、德、土耳其分裂新疆的活動十分猖獗，它們借機宣傳泛伊斯蘭教主義和大土耳其主義，煽動新疆穆斯林脫離祖國。楊增新對此十分警惕，設法堅決抵制。

（四）道教的衰落及其影響

中國道教清末開始衰落。道光時道教領袖張天師的「正一嗣教真人」封號被取消；光緒時從中央到地方的道教管理機構被廢止。袁世凱建洪憲帝制時重封六十二代天師張元旭為真人。一九二四年，國民黨因道教長期以來與迷信活動糾纏一起而加以取締。蘇州一九二二年前有正式道士八百零九人，一九二二年為五百一十二人。

道教自元代以來即存在兩大派別：全真道和正一道。全真道又稱內丹派，主要流行於北方，主張道、儒、釋三教合流，修真煉氣，性、命雙修，實行出家制度、叢林制度。其中心道觀是被稱為「全真第一叢林」的北京白雲觀。白雲觀為元代道教真人丘處機所創龍門派祖庭，接受各地雲遊來此學道、受戒的道士，民國時期仍然如此。其修習生活嚴格、清苦，傳戒儀式複雜隆重，時間長達數十天。道教中

的法規戒律有戒酒、戒鴉片、戒殺生，還戒某些食物，如忠牛、孝魚、節雁、義犬等。全真道在北方和西南地區的名山中還有一些重要叢林。正一道又稱符籙派，崇拜鬼神，以符咒驅鬼治病。其教派以江西龍虎山上清宮為中心，廣泛傳播於民間，如江蘇茅山等地。正一道的符名目繁多，符籙文字為道家所特有，形狀各異，由天師世代相傳，不授外人。地方上遇有水旱瘟疫，民間有疾病死亡，往往請道士設壇打醮，驅邪降福，祈禱超度，並酬以金錢、物資。

道士設醮壇，做法事，均用音樂伴奏，加以念唱。北方全真道士多用鐺、鑔、木魚、鈴、鼓、磬、鍾等打擊樂器。南方正一道士所用除上述諸樂器外，還有笛、弦子、笙、簫、古提琴、雲鑼、大小鑼、大小嗩吶、長號、二胡等。「法事之前有序曲，法事終了有尾聲，法事進行中有歌、有舞、有獨唱、齊唱、獨奏、齊奏等。龍虎山天師府有一支七八人的樂隊，每個道士懂幾件樂器，能演出整套全堂道經、道經配曲、道經過門、道經鑼鼓和二十四種不同的曲調，可為醮壇祈禱伴奏七七四十九天。足見道教音樂的豐富多彩」。

道教音樂主要靠師徒傳授，小道士一般要學三五年的吹、彈、打、寫、念等基本功，掌握多種民間樂器，才能取得法名，稱為「法師」。

道教音樂在流傳和發展中，與民間傳統音樂互相滲透，互相促進。如無錫盲人音樂家華彥鈞（阿炳）創作了著名的二胡曲〈二泉映月〉……

道教與中國醫藥學有著密切的關係。天師府製作符籙所用的紙、墨、朱、砂，均用中藥焙製而成，而浸泡符籙的淨水也含有中藥成分，因此患病者吞符，實為吃藥。假宗教之名行醫道之實的神秘性，才使得許多人信之不疑。

道教的節日極多，大半為道教所信奉的各種神祇的誕辰，如玉

泉、太上老君、張天師，還有陰曆三月初三的蟠桃會。每逢重大節日，道觀和道教信徒要舉行盛大隆重的齋醮活動。

　　道教典籍的版本主要有明英宗時邵以正督校刊正的《正統道藏》和神宗時張國祥輯印的《萬曆續道藏》。

第九章
藝術

一　音樂

（一）學堂樂歌的興起

　　鴉片戰爭後，傳統音樂經過血與火的戰鬥洗禮，注入了反帝反封建的新內容，形式上也有新的創造。

　　新民歌大多具有反帝反封建的主題。說唱音樂方面，以蘇州彈詞、京韻大鼓和梨花大鼓為代表的曲種迅速發展起來。江南以蘇州彈詞影響最大，演唱形式分單檔（一人自彈自唱）、雙檔和三檔。鼓詞流行於我國北方各地，如京韻大鼓、西河大鼓、梨花大鼓、膠東大鼓、樂亭大鼓、梅花大鼓等。著名藝人劉寶全號稱「鼓界大王」，對京韻大鼓的形成和發展作出突出貢獻。以廣東音樂、江南絲竹和吹打樂為代表的樂種也得到迅速發展。

　　隨著維新運動的開展，西洋音樂全面傳入我國。一方面，對西洋音樂理論和作曲技法進行介紹，外國傳教士刊印的《聖詩譜》……介紹五線譜樂理知識；留日學生編寫的《樂典大意》、《樂理概論》和《和聲學》（作曲理論學科之一，論述各種和絃的特性、連接方法、進行規律、音響效果，以及和聲在作曲實踐中的應用等），介紹西洋音樂的基礎理論。另一方面，對西洋聲樂、器樂，特別是風琴、鋼琴、提琴等演唱、演奏技藝進行傳授。辛亥革命後，風琴得到廣泛應用，並出版風琴教科書。與此同時，鋼琴也在一些學校和私人家中出現，並出版鋼琴曲集。

　　隨著西方文化在中國的傳播，特別是新式學堂的建立和發展，在二十世紀初出現大量學堂樂歌。學堂樂歌大多是填詞歌曲，內容反映「富國強兵」以抵禦外侮，宣傳反對封建舊習俗等資產階級民主主義和愛國主義思想。因此，在當時受到青年知識分子的歡迎，得到廣泛流傳。由於學堂樂歌的發展，西洋音樂技藝才得到初步的介紹和傳授。在當時出版的唱歌教科書中，大多數還附帶五線譜或簡譜的讀譜法及簡單的基礎樂理。

　　樂歌曲調主要來自日本的學校歌曲或軍歌、歐美各國的民歌或流行歌曲。很少用中國自己的民歌或創作新的曲調。

　　學堂樂歌運動，有力地衝擊了中國封建音樂文化，宣揚傳播資產階級民主主義思想；引進西洋音樂中集體歌詠的藝術形式；介紹西洋音樂的許多歌曲體裁；接受新鮮的音樂語言，普及新的記譜法，為群眾歌曲的發展奠定基礎，也促進學校音樂教育的發展。

（二）民國時期音樂的發展

　　在音樂創作和理論研究方面，湧現出一批拓荒者。學堂樂歌時期的代表人物沈心工（1870-1947）、李叔同（1880-1942），他們們的主要工作是選曲填詞，創作為數甚少。後來的蕭友梅、趙元任成為我國第一批現代作曲家。蕭友梅（1884-1940），廣東中山縣人。曾赴日本、德國留學近二十年，學習音樂和教育學，獲哲學博士學位。一九二〇年歸國後在北京女子高等師範、北京大學音樂傳習所、北京藝專任教。一九二七年在蔡元培支持下在上海創辦國立音樂院。他著有《普通樂學》、《和聲學綱要》、《中西音樂的比較研究》，所寫的九十多首歌曲中有八十多首作於一九二七年前，內容大多是通過歌唱自然景物抒發個人情懷、描寫學校生活和對學生進行道德教育。蕭友梅是一位音樂教育家，他創作的歌曲比選曲填詞的學堂樂歌前進了一步。

　　趙元任（1892-1982），江蘇武進人。曾赴美國留學，獲康乃爾大學物理學學士和哈佛大學哲學博士學位。回國後在清華學校任教，後又從事語言學研究。一九三八年去美國定居。從就學時起，一直業餘研究和創作音樂。他創作的近百首歌曲中，最有價值的是反映勞動人民生活、思想的作品，如〈賣布謠〉、〈織布〉、〈勞動歌〉。宣傳戀愛自由、個性解放是他歌曲作品的另一個題材，其中以〈叫我如何不想他〉影響較大。他特別注重音樂的民族特點。

　　在器樂創作方面，劉天華的二胡、琵琶曲代表了當時的最高成就。劉天華（1895-1932），江蘇江陰人。中學時代學過軍號、軍笛，在中學當音樂教員時曾向周少梅、沈肇州學習二胡、琵琶。一九二二年被聘為北京大學音樂傳習所導師。一九二七年創辦國樂改進社，編輯出版《音樂雜誌》。他革新二胡的形制、弓法和指法，創作風格新穎的十首二胡獨奏曲。他提出「改進國樂」的口號，整理研究民族音樂，為民族音樂的發展開拓了新路。

　　在音樂理論研究方面，王光祈是近代第一個有貢獻的音樂學家。王光祈（1892-1936），原籍四川溫江。一九一五年進入北京中國大學學習法律，一九二〇年赴德國學習政治經濟學，一九二三年改學音樂，一九三四年獲音樂博士學位。他在德國寫了十九篇德文、英文的音樂論文和十七部音樂論著，包括《中國的音律體系》、《中國的音樂價值觀念》、《論中國古典歌劇》、《東方民族之音樂》、《西洋音樂史綱要》、《中國音樂史》，反映了他率先運用比較音樂學的方法，對中國音樂理論進行科學分析和與西方音樂文化對照研究的成果。豐子愷則寫了《音樂常識》、《音樂入門》等三十二種通俗音樂讀物，推動了音樂的普及。

二　美術

(一) 西洋美術的傳播和傳統美術的變革

清代初期，朱耷、石濤的山水花鳥畫，突破陳規，別開生面。清朝中期，最著名的畫家是「揚州八怪」金農、鄭燮（鄭板橋）、羅聘、李鱓、黃慎、李方膺、高翔、汪士慎。他們不拘成法，追求個性，立意新奇，影響很大。其中，鄭板橋畫的蘭、竹尤為有名。

近代畫壇受到社會變革的影響，如受鴉片戰爭、太平天國運動的衝擊，許多畫家奮起反對傳統繪畫墨守成規的復古派，反對陳陳相因的保守派。他們銳意求索，大膽革新，衝破了嘉慶、道光以來畫壇上比較沉寂冷落的局面，形成了新興的海上畫派。這個畫派善於將詩書畫一體的文人畫傳統與民間美術傳統結合起來，描寫民間喜聞樂見的題材，形成雅俗共賞的新風格，對近百年繪畫發展有著較大的影響。前期、晚期的主要代表人物有任伯年[1]和吳昌碩[2]。吳友如[3]畫的《點石

1　任伯年（1840-1896），清末畫家。字小樓，後改伯年，浙江山陰（今紹興）人。幼年得其父鶴聲的指授，後遇任熊收為弟子，中年寓居上海賣畫。最長寫生，淺描淡染，筆墨不多而有神情。又擅長花鳥、人物，亦能山水，取法陳洪綬，並受朱耷影響。所作花鳥，重視寫生，形象活潑生動，勾勒、點簇、潑墨往往交施互用，而設色鮮淡，別具一格。其畫風有時不免流滑，在江南一帶廣有影響。與任熊、任薰合稱「三任」；加任預，亦稱「四任」。

2　吳昌碩（1844-1927），近代書畫家，篆刻家。字昌碩，名俊卿，號缶廬，浙江安吉人。寓上海最久。善長詩和書法，擅寫「石鼓文」，樸茂雄健，突破陳規，自成一家。尤精篆刻。他的書法雄渾蒼老，獨創一派。三十歲以後始作畫，以寫意花卉、蔬果為主，山水、人物，偶亦為之。吸收諸家之長，並受任頤影響，兼取篆、隸、狂草筆意，色酣墨飽，饒有生趣，別開新貌。他的藝術風格影響頗大，為「後海派」中的代表。曾在杭州創立西泠印社，任社長。社址內設有吳昌碩紀念室。著有《缶廬集》、《缶廬印存》等。

3　吳友如（？-1893），清末畫家。名嘉猷，字友如，江蘇吳縣人。幼年貧困，喜繪畫，自學勤練，並吸收錢杜、改琦、任熊等人的畫法，主要畫人物肖像。以賣畫為

齋畫報》，其中有不少作品反映當時社會的真實面貌，具有現實意義。

趙之謙出身於破落商人家庭。會考不中，靠做家庭教師和賣畫為生。他在北京飽覽各家碑書畫像，眼界大開。因遊歷甚廣，繪畫取材極為廣泛，其畫風對清末民初的上海畫壇有一定影響，是海上畫派的開創者。

與趙之謙相比，任伯年對海上畫派的形成影響更大。任伯年自幼跟父親學畫，二十一歲時參加太平軍，太平天國失敗後，長期在上海賣畫。他曾跟從劉德齋學素描，畫人體模特兒，這在畫壇上顯然是不守陳法的異端，也是敢於革新的闖將。他的花鳥畫更是「筆無常法，別出心機」，概括簡練，吸取諸家所長融匯一體，使傳統花鳥表現形式大大前進了一步，傳世之作尤多。他繪畫非常全面，所畫人物畫有肖像，也有歷史故事和民間傳說，題材廣闊，內容通俗，思想傾向明確。《蘇武牧羊》、《鍾馗》、《女媧補天》等，都是反映他憂國憂民的情感和愛國熱情的佳作。

任伯年在藝術成熟期創作的花鳥畫最多，而且達到了盡善盡美的地步。他善於把處於運動中的花鳥，以瞬間姿態描寫於畫面而不失其動感，畫面總充滿生機。他的畫取材廣泛，構圖多變，設色淡雅，輕鬆活潑，頗有水彩畫的韻味。《水仙雙雉圖》、《春江水暖圖》、《幽鳥鳴春圖》是其代表作。任伯年的繪畫日趨走向文人畫與民間美術相結合，達到雅俗共賞的社會效果。

趙之謙、任伯年、吳昌碩並稱「海派三大家」，影響之大首推吳昌碩。吳昌碩詩書畫印全精，是典型的文人畫家。他受趙之謙、任伯

生。曾應徵至北京，為宮廷作畫。光緒十年（1884）起，在上海主繪《點石齋畫報》，後自創《飛影閣畫報》，內容多為時事新聞插圖和描繪市民生活。所作參用西方繪畫透視法，構圖緊湊，線條遒勁簡潔，對以後的年畫、連環畫頗有影響。並為木版年畫繪製畫稿，民間流傳頗廣。

年影響最多，畫風與趙之謙、任伯年極相近，他將花鳥畫推到登峰造極的地步。

除海上畫派外，影響較廣的還有嶺南畫派。清末的居巢、居廉兩兄弟在繪畫上新意盎然，成就突出，影響了以他們為師的高劍父、高奇峰、陳樹人。「二高一陳」都曾留學日本學畫，藝術上都主張「折衷東西方」。辛亥革命以後，他們的繪畫影響越來越大，形成嶺南畫派。

居巢、居廉是堂兄弟，廣東番禺人。他倆強調作畫以自然為師，親自栽花疊石，飼養花鳥蟲魚，以供寫生。作品設色妍麗，筆致工整，妙趣橫生。他倆均善於用粉和用水，發展了設骨花鳥畫的特殊技法，成為其繪畫特色。

高劍父曾從居廉學習國畫。不久，在法國畫家麥拉影響下，掌握西洋素描畫法。留學日本時，他設想在傳統繪畫的基礎上吸收西洋繪畫技法，效法日本畫所走的道路。民國初年，他在上海創辦審美書館，出版《真相畫報》；後又在廣州設春睡畫院，致力於藝術教學。高劍父畫風奇崛，雄健有力。陳樹人一九〇六年留學日本，畢業於京都美術學校繪畫科。他的畫注重寫生，善用色彩以及水墨渲染，畫面清新而富有詩意，別具一格。

嶺南畫派注重寫生，吸收外來技法，強調表現時代精神，不受傳統觀念束縛。「二高一陳」已樹立起改革國畫的旗幟，他們還培養了大批學生，如黃少強、方人定、趙少昂、關山月等，在不同程度上繼承和發揚了嶺南畫派傳統。

西洋畫傳進中國，最早可追溯至唐代。中國藝術家最早繪製西洋油畫的是關喬昌。民國初年，西洋畫開始在中國廣泛傳播。西洋畫的傳播是中國繪畫史上的重大轉折。青年畫家熱情接受新鮮事物，為擺脫傳統繪畫的束縛，尋找一條拯救民族繪畫危機的途徑。

最早出國研習油畫的是廣東鶴山的李鐵夫和浙江平湖的李叔同。

李鐵夫十七歲赴倫敦美術學院學習，學畫九年後又轉入紐約美術學院，一九一六年加入國際畫理學會。十年間，作品入選二十一幅。李鐵夫晚年定居香港，以「隱士似的老畫家」終其一生。李叔同是「五四」新文化運動中卓有影響的人物。他不但是中國油畫運動的先行者，而且對中國早期美術教育也有卓越貢獻。豐子愷、潘天壽、吳夢非、劉質平、李鴻梁都是他的學生。李叔同一九〇五年赴日本東京國立美術專門學校學習。一九一〇年，三十歲的李叔同畢業回國，先在天津任圖畫教員，民國元年在上海主編《太平洋畫報》，並和柳亞子創辦文美會，刊行《文美雜誌》。以後任浙江兩級師範學校、南京高等師範學校美術、音樂教師。但這位桃李滿門、藝術成就極高的老同盟會員在一九一八年悄然出家遁入空門。儘管如此，李叔同仍不愧是將西洋畫引進中國的開路先鋒，為中國美術的發展立下赫赫戰功，為東西方美術交流架起橋樑。

「五四」新文化運動促進中國畫壇出現了新的轉機。這期間水彩畫家陳抱一是積極活躍人物。陳抱一（1893-1945），廣東新會人。早年在上海入周湘的布景傳習所學水彩畫。一九一六年第二次東渡日本，入東京美術學校，五年後畢業回國。從事西洋畫教育，自費創辦陳抱一繪畫研究所，一九二二年起，又奔波於上海美術學校等四所學校教西洋畫。他力倡人體寫生。一九二五年與陳望道等成立中華藝術大學，成為左翼美術運動的重要據點。

徐詠青（1880-1953），上海天主教堂收養的孤兒，因有美術天資，九歲起跟從牧師學畫。他擅長西洋水彩畫法，雖未出國留學，但卻是較早地把西洋畫介紹來中國的人。上海盛行的水彩畫是從徐氏起頭的。他總結實踐經驗寫成《水彩風景寫生法》一書，算是最早介紹水彩畫技法的著作之一。

以上這些西洋畫的傳播者、啟蒙者，人數有限，影響有限。西洋

美術在中國大放異彩，是在「五四」運動後徐悲鴻、林風眠、劉海粟、顏文梁、吳大羽、關良、潘玉良、陳之佛、倪貽德等從國外學成回國，開始打破傳統水墨畫的一統天下，出現中國畫與西洋畫分舸爭流的新局面。

中國的美術教育，在辛亥革命前後特別在「五四」以後達到高潮，官辦的、私立的藝術學校猶如雨後春筍般出現。中國的新藝術教育肇始於師範。一九〇二年創立的南京兩江師範率先開設圖畫手工科，設素描、水彩、油畫、中國畫、圖案畫、用器畫等課程。中西繪畫並舉，繪畫與工藝並重。蕭俊賢任中國畫教師，其它美術課均由日本人擔任。李瑞清任校長。

兩江師範停辦前後，周湘創辦上海油畫院，並附設中西圖畫函授學堂，改變了舊式師徒制。十多年時間裏，培養出五千多名學生，如早期油畫家劉海粟、丁悚、張眉蓀、陳抱一等等。一九一二年，上海圖畫美術院誕生，校長是年僅十七歲的劉海粟。一九一四年，該校首次雇用人體模特兒。某女校校長誹謗說：「劉海粟是藝術叛徒，教育界之蟊賊。」一九一九年辦人體油畫展覽，社會輿論驚詫，被斥為狂妄。一九二六年，教育總長章士釗和上海一些官員請禁美專裸體模特兒，封建軍閥孫傳芳致函劉海粟要求停用模特兒。在遭到劉的拒絕後，密令封閉美專，通緝劉海粟，這場鬥爭長達十年之久。一九一八年，我國國立美術學校在北京成立，鄭錦為首任校長。

一九一九年，吳夢非、豐子愷、劉質平以私人財力創辦上海專科師範學校。此後，各地紛紛創辦藝術學校，如一九二〇年沈溪橋創辦私立南京美術專門學校，蔣蘭圃創辦武昌藝術專科學校，一九二二年顏文梁創辦私立蘇州美術專科學校，一九二五年豐子愷創辦立達學院美術科，其後中途停辦者不少。這類學校受歐美、日本藝術教育的影響，標新立異，大膽開拓，推動中國藝術教育出現新的轉機。

　　民國初年，繪畫社團在上海首先興起，一時畫派林立，呈現三足鼎峙的局面（滬杭、廣東、平津）。民國前期畫壇有三大重心：上海、北京、廣東。上海根底深厚，畫家雲集，畫會群立，以吳昌碩、王一亭為巨擘。北京畫壇有名的是陳師曾、金拱北，齊白石是陳師曾的得意門生。廣東嶺南畫派是以畫人為中心，以「折衷中外、融合古今」為宗旨的畫派。創始者是高劍父、高其峰、陳樹人（人稱「嶺南三傑」），形成了具有地域特色的「新國畫」畫風。

　　首先舉起「美術革命」旗幟的是呂澂和陳獨秀。如何改革中國畫，形致「革新派」與「傳統派」的論爭。革新派理論占上風，但缺少繪畫實踐。

　　民國前期是通俗美術肇興的時代。中國近代史上最早的畫報是一八八四年五月創刊的《點石齋畫報》，出刊十五年。一九一二年創刊的《真相畫報》影響頗大，是政治性、藝術性並重的刊物。主編為高其峰。

　　至於漫畫，清末民初得到迅速發展，形成一個獨特的畫種。當時的許多報刊都經常刊登漫畫，有的還以漫畫為主。漫畫形式獨特，題材廣泛，具有諷刺幽默性質。有的揭露帝國主義的侵略陰謀，有的抨擊官僚、軍閥的腐敗和對人民的壓迫，也有的諷刺清朝政府的賣國行為。如揭露帝國主義瓜分中國野心的〈時局圖〉[4]，抨擊官吏貪婪剝

4　〈時局圖〉，二十世紀初一位愛國人士繪製的漫畫。畫軸左邊寫「一目了然」，右邊寫「不言而喻」。此畫比喻各帝國主義國家從四面八方向中國撲來，活靈活現地描繪了中國正在被瓜分的形勢：一頭貪婪的大熊踐踏著我東北領土（俄國）；一隻兇相畢露蹲在那裏穩如泰山的惡虎，一屁股坐在長江流域（英國）；一隻腸鼓腹滿的青蛙，匍匐於越南，前肢攀住我國的雲南和廣西（法國）；一段肥腸似的怪物，纏繞山東（德國）；從日本引出一條黑線緊係臺灣，伸向福建（日本）；還有一隻振翅欲飛的餓鷹，從菲律賓撲向中國（美國）。

削人民的〈官肥民瘦〉，諷刺袁世凱醜行的〈老猿百態〉[5]等，都緊密配合現實，富有戰鬥性，影響深廣。一九二五年十二月，出版了《子愷漫畫》專題，由此漫畫名稱在我國廣泛採用。

一九○九年，上海《時事畫報》編輯出版近八十頁〈寓意畫〉，這是迄今發現的最早的一本漫畫專題，其中有一幅名畫，題為〈對內對外兩種面目〉。同年，上海《民吁日報》刊登朱鳴崗的漫畫〈要長就長，要短就短〉，畫中反映帝國主義將清王朝置於手中像捏泥人一樣隨意擺佈。

「五四」前後湧現如張聿光、馬星馳、任杜宇、沈泊塵、黃文農、豐子愷等造詣極高的漫畫家。一九一八年九月，沈氏兄弟創辦《上海潑克》，又名《泊塵滑稽畫報》，月刊，具有鮮明的政治色彩和獨特的表現形式，為以後漫畫刊物奠定了模式。沈氏一生作品千幅以上，有強烈的諷刺意味，風格新穎獨特。黃文農雖早逝，卻留下了大量作品，他的漫畫充滿大無畏的鬥爭精神。一九二七年他組織的漫畫會編印《上海漫畫》，並發表〈大權在握〉等作品，用誇張手法畫出身披斗篷的蔣介石緊握著比他頭還大的拳頭，意在諷刺蔣介石實行血腥鎮壓的專制統治。黃文農出版兩本畫集：《文農諷刺畫集》和《初一之畫集》。

(二) 畫壇巨匠和新興美術運動

徐悲鴻（1895-1953），江蘇宜興人。中國藝術教育的開拓者。九歲隨父學畫，十八歲以後妻子和父親相繼死去，家庭生活十分艱難。二十歲赴上海沒有找到工作，後再次去上海，一位喜愛收藏的富商看

---

5 〈老猿百態〉，北京城樓最高層畫了一兇相畢露的猿猴似的人物，雙手緊握「專制」大刀，諷刺袁世凱走上了專制舊路。這是當時人創作的漫畫。選自錢病鶴《袁政府畫史》，上海，1913年版。

中了他的畫，供他讀書習畫，不久考入震旦大學。結識了康有為、王國維。一九一七年五月，在哈同資助下，他與蔣碧微私奔日本。一九一九至一九二七年赴法國留學，一九二七年回國任南京中央大學藝術系教授，次年兼任上海南國藝術學院美術系主任，一九二九年十月任北平大學藝術學院院長。曾攜中國近代繪畫作品赴法國、德國、比利時、意大利展覽。抗日戰爭期間，在國外售畫、捐款救濟祖國難民，並參加民主運動。一九四六年任北平藝術專科學校校長、北平美術作家協會榮譽會長。徐悲鴻擅長油畫、中國畫，尤精素描，人物造型注重寫實，善於傳神，所畫花鳥、風景、走獸，簡練明快，富有生氣，尤以畫馬馳譽中外。他能融合中西技法，而自成面貌。代表作有《奔馬圖》等。平生積極從事美術教育事業，為中國美術事業培養了不少人才。

劉海粟（1896-1994），江蘇常州人。從小讀四書五經，後進入繩正書院，讀了盧梭的《民約論》、《拿破崙傳》等著作，又去上海周湘主辦的布景畫傳習所學習西洋畫。在上海創辦上海圖畫美術院。一九二一年十二月，應蔡元培之邀赴北京大學講演歐洲近代藝術。藝術觀點上受康有為、蔡元培影響最大。劉海粟創辦的上海美專，在鬥爭中確立了在中國畫壇上的地位。一九二七年「四・一二」政變中，因受通緝避居日本。在日本，他結交畫友，舉辦畫展，開展講演活動，聲譽鵲起，被稱作「東方藝壇的獅子」。一九二九年，在蔡元培的幫助下旅歐三年，創作了大量寫生油畫和國畫，被譽稱「中國文藝復興大師」。他的三百多幅畫稿，巡迴展覽十多處，使中國文化「震動全歐」。一九三五年劉海粟載譽歸來。

劉海粟的繪畫注重個性的發揮，反映他豪放的性格和火熱的感情。人物畫劉海粟不如徐悲鴻，風景寫生徐悲鴻則遜於劉海粟。他擅長山水畫和風景油畫。

　　林風眠（1900-1991），廣東梅縣人。從小學畫，九歲畫《松鶴圖》中堂，竟為一財主買去，一時名震鄉里。一九一八年中學畢業後赴法國勤工儉學。一九二〇年春進入迪戎國立美術學院，開始學習木炭人體素描。楊西施院長十分器重他，提示他應去巴黎各博物館學習中國傳統藝術。一九二五年冬回國後被蔡元培委任為國立北京藝專校長。一九二八年任杭州國立藝專院長。一九三七年抗戰爆發，學校內遷，他辭職回歸上海。林風眠的最大貢獻是對傳統中國畫的革新。他的繪畫感情色彩濃鬱，線條流暢奔逸，用色用墨濃重大膽，使人耳目一新，深受啟迪。

三　舞蹈

（一）西方舞蹈藝術的傳入

　　中國古代歌舞一體，歌舞和戲曲緊密相連。清代民間廟會「社火」、秧歌、太平鼓有所發展。清代中葉以後，在民間歌舞〈花燈〉、〈採茶燈〉形式上，發展成為「花燈戲」、「採茶戲」、「花鼓戲」等地方戲，而作為獨立表演藝術形式的舞蹈日漸衰落。清末民初，已沒有專業的舞蹈演出團體，除戲曲藝人外也極少有專業舞蹈藝人。民國初年，除文廟祭孔的舞、天壇祈年殿的春耕儀式及節慶時的舞龍、舞獅、旱船、高蹺等民俗遊藝外，漢族地區純粹舞蹈演出已寥寥無幾。

　　清末，為滿足統治者荒淫的生活享受，曾引進西方舞蹈。慈禧太后曾召見駐法公使的女兒、舞蹈家裕容齡入宮任御前女官。裕容齡曾師從美國舞蹈大師鄧肯，學習過現代舞和日本等國的民間舞蹈。她表演的歐洲宮廷舞、芭蕾舞引起清廷轟動。清廷曾請來印度馬戲團、俄國馬戲團表演，西太后對印度舞、俄羅斯舞十分讚賞，不過，她看不

慣男女摟腰握手的西方交際舞，認為那種輕浮之舉會引起非分之念。
鴉片戰爭後，西方舞蹈逐漸進入中國大中城市。

「五四」以後，中國兒童歌舞首先掙脫封建傳統，接受西方文
化，新的舞蹈藝術開始崛起。學校中興起糅合中國武術、戲曲、舞蹈
及西方土風舞素材的「形意舞」，後又出現仿照日本編制的兒童歌
舞，並傳入蘇聯的海軍舞、農民舞。一九二二至一九三五年，意大利
米蘭、美國鄧肯、俄僑歌舞團都曾來上海等城市演出。

（二）學校舞蹈課的開設和專業歌舞團的建立

隨著民國初期文化教育制度的更新，學校開設了舞蹈課。音樂家
黎錦暉在二十世紀二十年代學校舞蹈教育中作出傑出貢獻。黎錦暉，
湖南湘潭人，一九一二年長沙高師畢業，當過編輯、教員，組織過音
樂活動，為上海語專附小編寫過適合兒童的十二部歌舞劇和二十四首
歌舞表演曲，如〈麻雀與小孩〉、〈可憐的秋香〉、〈小小畫家〉，反映
科學與民主精神。一九二六年黎錦暉創辦中華歌舞專校，一九二七年
後改為職業性的中華歌舞劇團，曾去各地巡迴演出中西舞蹈。在黎錦
暉之後，吳曉邦、戴愛蓮和金陵女子大學的淩佩芳、上海體育師範學
校的陳英梅等，也對學校舞蹈教育作出一定貢獻。

四　戲曲

（一）民國初期京劇和地方戲的發展

中國戲曲是融合戲劇文學、音樂、舞蹈、武術等多種藝術成分的
具有深厚民族傳統的綜合性藝術。

鴉片戰爭後，由於社會的劇烈變化，古裝劇在內容和體例上也都

有所變化。在雜劇方面，產生了揭露鴉片毒害的瞿園的《暗藏鶯》，
諷刺維新黨的碩果的《一家春》，歌頌秋瑾英雄事蹟的吳梅的《軒亭
秋》。傳奇劇方面，富有現實意義的作品更多，如惜秋和旅生的《維
新夢》反映維新運動；陳季衡的《武陵春》反映八國聯軍侵華的歷
史；歌頌秋瑾和徐錫麟烈士的有《六月霜》、《軒亭血》、《軒亭冤》、
《開國奇冤》、《皖江血》。這些作品都緊密地結合社會現實，充分表
現作者的愛國主義思想。

地方戲也很繁榮。瞿秋白同志說得好：「崑曲的清歌曼舞的綺
夢，給紅巾長毛的叛賊搗亂了，給他們的喧天動地的鑼鼓震破了……
在同治、光緒之世，我們就漸漸、漸漸地聽著那崑曲的笙笛聲離得遠
了、遠了，一直到差不多聽不見。」而「不登大雅之堂的亂彈——皮
簧，居然登上了大雅之堂」。當時各地盛行一些富有反抗性、批判性
的戲劇。著名的丑角（腳）演員劉趕三（1817-1894），名寶山，天津
人。初學老生，後改演丑角。以演彩旦戲著名。常在劇中借題發揮，
嘲笑權貴。據傳出於痛恨李鴻章喪權辱國，在演劇時自編新詞予以抨
擊，竟至受到杖責，鬱憤而死。戊戌變法前後，汪笑儂曾編寫《桃花
扇》，在宣傳愛國主義思想方面起過積極作用。

在外國時事新戲的影響下，出於革命宣傳的需要，話劇也隨之應
運而生。話劇又稱新劇、文明戲。十九世紀末年，上海學生演出話劇
《官場醜史》，諷刺政治黑暗腐敗。秋瑾、徐錫麟等革命志士的事蹟
和陳天華的《猛回頭》等作品，都曾被編成話劇上演。二十世紀初，
汪優遊[6]等人組織中國第一個業餘話劇團——文友會。一九〇六年，

---

6 汪優遊（1888-1937），早期話劇活動家，演員，劇作家。字仲賢，上海人。一九〇
五年組織中國最早的業餘戲劇團體文友會、開明演劇會。辛亥革命時參加進化團。
「五四」運動時期與沈雁冰等組織民眾戲劇社，宣導愛美劇。後又組織戲劇協社。
著有劇本《好兒子》及論著《我的俳優生活》、《優遊室劇談》等。

留日學生李叔同、曾孝谷[7]、歐陽予倩[8]等組織春柳社，演出過《茶花女》[9]片斷，又在東京公演曾孝谷改編的《黑權籲天錄》，標誌著中國話劇的正式誕生。不久，王鐘聲[10]等人在上海成立春陽社，任天知[11]

7　曾孝谷（1873-1937），早期話劇（新劇）活動家。名延年，四川成都人。曾留學日本。一九○七年與李叔同等在東京創辦新劇劇團春柳社。他根據美國小說改編的《黑奴籲天錄》，是中國早期話劇的第一個劇本。

8　歐陽予倩（1889-1962），演員，戲劇家。湖南瀏陽人。一九○七年在日本參加春柳社。回國後，參加新劇同志會、春柳劇場，宣導新劇運動。後任電影編導兼演京劇十餘年。二十世紀三○年代主持廣東戲劇研究所，四○年代任廣西藝術館館長。解放後，任中央戲劇學院院長、中國文學藝術界聯合會副主席、中國戲劇家協會副主席及中國舞蹈工作者協會主席；是中國話劇的開拓者和戲劇運動宣導人之一。一九五五年加入中國共產黨。著有回憶錄《自我演劇以來》，論文集《一得余抄》以及《運動力》、《桃花扇》、《黑奴恨》話劇劇本二十餘部。

9　《茶花女》，法國作家小仲馬一八四八年發表的小說，一八五二年他又將小說改編成話劇，上演後引起巨大的社會反響。《茶花女》描寫農村姑娘瑪格麗特因家庭貧困到巴黎謀生，不幸淪為妓女。她年青美麗，很多富豪貴族都找她糾纏，但是他們並不真正愛她，只是把她當作玩物而已。瑪格麗特雖然生活豪華，但內心十分痛苦。有一次偶然的機會，她結識了貴族青年阿芒，兩人產生純真的愛情，後一同搬入巴黎郊外的別墅居住。阿芒的父親鄙視瑪格麗特的社會地位，反對兒子和她結婚。有一次趁阿芒不在的時候他來到別墅，一面威脅，一面哀求，迫使兩人斷絕關係。阿芒不明真相，認為她背叛愛情，忘恩負義，尋機會羞辱她。這使她更加感到痛苦，以至貧病交加，臥床不起。終於阿芒知道了瑪格麗特寫決裂信的原因，來到她的身邊。這時瑪格麗特已是奄奄一息，最終死在阿芒的懷抱裏。這個愛情悲劇揭露和控訴了資本主義社會的腐朽和虛偽，同情、讚美阿芒和瑪格麗特純真的愛情。小說和劇本都寫得真切自然，感情濃鬱，在世界各國流傳很廣。

10　王鐘聲（1881-1911），早期話劇活動家，中國話劇創始人之一。浙江人。曾留學德國、日本，擔任過教員。一九○三年在上海宣傳民主革命，參加同盟會。一九○七年組織春陽社，上演《黑奴籲天錄》等。春陽社解散後，一九○八年五月去北京演出《秋瑾》、《徐錫麟》等新劇。辛亥革命時參加上海起義，同年赴天津，被清政府殺害。

11　任天知，話劇活動家，劇作家，演員，中國早期話劇的創始人之一。名文毅，藝名天知。辛亥革命前在上海創辦職業新劇團體進化團，編演劇本大都以反對封建專制政治和封建勢力為主題，如《共和萬歲》、《黃金赤血》等。擅長在演出中進行政論演說。

在上海組織進化團,所演劇碼多半是愛國、革命的政治題材。尤其在武昌起義後,進化團更是熱情配合革命鬥爭的需要,編演《黃金赤血》、《共和萬歲》、《黃鶴樓》等劇。一九一二年進化團遭迫害而解散。同年歐陽予倩等人在春柳社的基礎上組織新劇同志會,建造春柳劇場,成為新劇另一個有影響的流派。

清代中葉以後,各種戲曲聲腔相互融合、繁衍,地方劇種普遍滋生成長,打破了長期以來以崑劇等少數幾個古老劇種稱雄劇壇的局面。至清末民初,一些興起較早的地方劇種已經成熟,一批新興的地方小戲相繼進入城市謀求發展。成熟的地方劇種,地域性特點日益鮮明和穩定,表演風格豐富多彩。已定了型的大劇種如山西梆子、河北梆子、漢劇、湘劇、川劇、粵劇、閩劇,已有一定藝術成就和廣泛影響,風格韻味各有不同。

京劇是在地方戲高度繁榮的基礎上,融匯徽、漢二調由徽班蛻化而成。皮簧原是湖北、安徽一帶以西皮和二簧兩種曲調為主的地方戲曲,在湖北叫漢劇,在安徽叫徽調,具有深厚的民間藝術基礎,集中許多地方戲曲的優點,在唱腔、表演、念白、武打等方面逐漸超過其它劇種。十八世紀末,三慶、四喜、春臺、和春四個演唱徽調的戲班(簡稱「四大徽班」)把皮簧戲帶入北京。皮簧曲調豐富明快,富有節奏感,便於表達感情;劇本結構簡練,語言通俗,題材廣泛。皮簧傳入北京後,徽、漢兩個劇種逐漸融合,再吸收其它劇種的長處,到十九世紀中期發展成為一種新劇種——京劇。十九世紀六〇年代以後,京劇盛行,成為廣大群眾喜聞樂見的藝術形式,也是國內外影響最大的具有典型性和代表性的一個劇種。在名演員中,對皮簧劇的形

成和發展作出重大貢獻的有總領四大徽班的程長庚[12]、譚鑫培[13]等人。二十世紀初，著名演員汪笑儂[14]對京劇進行改革，編演《哭祖廟》，借三國末年蜀北地主劉諶反對投降、哭祭祖廟的故事，抨擊清王朝賣國投降，宣揚愛國主義思想；還演出《將相和》，借戰國故事頌揚不為個人私利而以國家安危為重的愛國主義思想；還同陳去病合辦中國第一個戲劇雜誌《二十世紀大舞臺》。與此同時，出現了如《立憲鏡》、《縷金箱》等以時裝排演的改良新劇。

清末民初，京劇的顯著特點是以劇本創作為中心，表演藝術迅速提高，演技多姿多彩，精益求精。這時出現了令觀眾傾倒的京劇名角譚鑫培、旦角大師王瑤卿、河北梆子名角田際雲……辛亥前後，京津滬相繼修建鏡框式舞臺的新型劇場，建立演出班社，經營方式向商業化方面轉化。廣大鄉村的露臺、廟臺，城市的茶園酒肆、會館戲樓，仍是劇曲的演出陣地。

嚴復、梁啟超較早提出戲曲、小說為資產階級民主革命服務，宣

---

12 程長庚（1812-1882），清代著名的京劇演員，戲劇活動家。名椿，字玉珊，安徽潛山人。演老生。咸豐、同治年間在北京主持四大徽班之一的三慶班，並長期擔任精忠廟的會首。演戲嚴肅認真，藝術上熔徽調、漢調、崑腔於一爐，對京劇老生唱腔和表演藝術的形成，貢獻很大，是京劇的開山祖師。擅長劇碼很多，以《文昭關》、《群英會》、《戰長沙》等著名。當時同余三勝、張二奎並稱為京劇老生三傑。著名京劇演員譚鑫培、汪桂芬、孫菊仙等都受過他的教益。

13 譚鑫培（1847-1917），著名京劇演員。名金福，湖北江夏人。藝名小叫天。先演武生和武丑，中年後轉演老生，長期在北京演出。在多年藝術實踐中，對京劇老生的表演藝術有所革新，以唱、做、念、打相互結合見長，並創造一種悠揚宛轉而略帶感傷的唱腔，獨樹一幟，形成自己的藝術風格，世稱「譚派」，成為京劇的一代宗師，對後來老生表演藝術影響較大，以《空城計》、《定軍山》、《賣馬》等劇著名。

14 汪笑儂（1858-1918），著名京劇演員，劇作家。滿族。長期在上海演老生。根據嗓音特點，別創新腔，自成一派。所編新戲如《黨人碑》、《博浪椎》、《哭祖廟》等，表達憤激之情，在當時有一定影響。還同陳去病合辦戲劇雜誌《二十世紀大舞臺》。

導戲曲改良運動。一九〇四年，陳去病在上海創辦《二十世紀大舞臺》，標誌著京劇理論改良的興盛。南社詩人柳亞子號召「建獨立之國，撞自由之鍾」。戲劇理論研究形成熱潮。

京劇理論改良大致有以下內容：一、攻擊舊戲弊端，主張戲曲要為現實鬥爭服務。抨擊舊戲的「傷風敗俗」和「才子佳人」，宣揚功名利祿的俗套，指出戲曲必須反映社會現實，從而出現同資產階級政治運動緊密結合的新戲曲；批判戲曲極端形式主義的傾向，指出戲的高下美醜，關鍵在於思想內容，而非形式。二、極力提高戲曲的地位，把戲曲藝術的社會功能看作構成戲曲的根本因素。陳獨秀在〈話戲曲〉一文中把戲曲視為「普天下之大學堂」，是「改良社會之不二法門」。當時一些有進步思想的戲曲藝術家也極力強調戲曲的教育作用，認為戲曲應是政治鬥爭的得力工具。清末卓越的戲劇家、民主革命戰士王鐘聲指出：中國要富強，必須革命，革命要靠宣傳，宣傳的方法，一是辦報，二是改良戲劇。他一方面強調戲劇的社會功能，同時也指出戲曲必須隨時代發展不斷變革。從平等觀念出發，他還批判「演戲為賤業」的封建思想，指出戲曲演員乃「普天下之大教師也」。他主張力求自然，在自然中求得真實的美感，使舞臺表演更接近於生活。

戲曲藝術以舞臺表演為主，理論改良的結果最終要在演劇中得以表現。一些具有進步思想的戲曲家，對大量傳統戲劇進行藝術的再加工，思想性、藝術性都有所提高。這樣，時事新戲便應運而生。時事新戲又稱為改良新戲或時裝新戲，內容大多源於當時社會上發生的時事。時事新戲的興起，與當時一批傑出的作品創作和藝術家的藝術再現是分不開的。汪笑儂在戲劇改良活動中起了舉足輕重的作用。他將戲曲改良理論最早用於舞臺實踐，改編創作了大量京劇劇本。汪笑儂對戲劇改良的認識，體現了資產階級民主主義思潮，同時也表現出他

的愛國主義思想。他以主要精力投入演劇活動，用京劇宣傳改良思想、愛國情懷，發揚戲劇「高臺教化」的社會作用。戊戌變法失敗後，六君子就義，汪笑儂依譚嗣同「我自橫刀向天笑，去留肝膽兩崑崙」兩句慷慨之言，揮筆長歎「他自仰天而笑，我卻長歌當哭」，即編《黨人碑》一劇，諷刺清朝政府捕殺革命黨人。他演的《哭祖廟》在日軍佔領的大連久演不衰。唱詞中「國破家亡，死了乾淨」八字，一時成了市民們的口頭禪。無怪有人說「笑儂之戲，得力於牢騷、怒罵，令人痛快」。汪笑儂的時事新戲的最大特點是，盡可能地保留傳統戲曲程序的優點。他演過《黑籍冤魂》中的鴉片煙鬼，恢諧逼真，活靈活現；也演出過自己編寫的時事新戲——《瓜種蘭園》。

上海新舞臺的建立是京劇改良運動高漲的標誌。上海新舞臺創建於光緒三十四年，創辦人是京劇演員潘月樵和夏氏兄弟。它是我國第一個具有近代化設備的劇場，首次將茶園式的劇場改為月牙式舞臺，引進布景和燈光，很受觀眾歡迎。同時取消了案目制度，實行賣票制度，從而保證演員在選擇劇碼和編演新戲方面的自由。新舞臺的演員一律廢除藝名。

上海新舞臺成立後，編演過大量宣傳革命的時事新戲，其中有要求推翻清朝統治的《玫瑰花》；針砭時弊、揭露社會黑暗的《宦海潮》；歌頌革命志士的《秋瑾》、《鄂州血》等。還演出過外國名劇《黑奴籲天錄》。

在北方，年青的梅蘭芳編演《一縷麻》、《鄧霞姑》等時事新戲。伶界大王譚鑫培等也紛紛參加新劇演出。一時戲曲改良之風彌蓋全國，同時帶動了漢劇、梆子等地方戲的改良。中國戲曲界一派新氣象，面貌為之一新。

一九一五年後，隨著政治形勢的變化，京劇改良運動每況愈下，逐漸失去了民主性和鮮明的政治鬥爭色彩，轉為一味迎合市民階層要

求的方向，營利成了主要目的。改良運動逐漸衰落，究其原因，從根本上說，是由於中國資產階級的軟弱性和不徹底性造成的；就戲曲本身而言，主要是：一、京劇改良無法擺脫封建性，如不少戲中只是痛斥封建官僚，而隻字不提封建社會的最高統治者；二、大量的時事新戲是依據當時特定的環境產生的，待環境變化後，許多新戲失去作用，無人問津；三、時事戲在京劇舞臺上演出形式不夠完善，有些戲更生硬地照搬西洋戲劇，破壞了中國戲曲的傳統。例如京劇十分講究身段、動作的虛擬化，而時事戲將話劇道具原封不動地移植過來。有的戲還不顧戲曲表演原則，一味追求社會效用，只為宣傳需要，未經反覆雕琢，藝術價值不高，不像傳統戲曲劇碼那樣久演不衰。

戲曲改良是中國戲曲史上一次重要的文藝運動，改良京劇無論在內容還是形式上，都具有一些新的特色，尤其是南派京劇的發展，乃至對解放後的現代戲都產生過巨大作用。

民國時期，京劇藝術流派紛呈，名角輩出，新劇碼大量湧現，表演藝術高度發展，進入極盛時代。北京、上海劇作家日漸增多，排演新戲之風極盛。內容新穎、思想進步、情節曲折的優秀劇碼不斷湧現，如任天知編劇、周信芳主演的以反對漢奸賣國賊為主題的《學拳打金剛》、《血淚碑》、《閻瑞生》等。一九一三年梅蘭芳在上海演紅後，回北京排演《孽海波瀾》、《宦海潮》、《嫦娥奔月》（古裝新戲），轟動劇壇。京滬兩派爭相編演時裝新戲，促進了京劇藝術的發展。演出的興盛，造就了大批表演人才。老生譚鑫培和劉鴻生、青衣王瑤卿、武生楊小樓、花旦楊小朵、小生朱素雲、文醜羅壽山、武丑王長林，深受北京觀眾稱讚，其中譚鑫培、王瑤卿是京劇承前啟後的劃時代人物。「譚腔」唱、念、做、打並重，藝術造詣爐火純青，一時無雙。王瑤卿熔青衣、花旦、刀馬旦於一爐，在唱、念、做、打、服裝、妝扮上都作了較多改進和創新，為旦行演技另闢新徑，對後繼新派影響甚大，堪稱京劇一代宗師。

　　北京名角梅蘭芳的藝術日益精進，貢獻卓著。上海「海派」著名演員汪笑儂、歐陽予倩、周信芳能編善演，影響尤大。

　　辛亥革命後，獲得顯著發展的地方戲有陝西秦腔、河北梆子、漢劇和川劇。

　　陝西秦腔出自大荔縣。一九一二年李桐軒、孫仁玉等人在西安創辦易俗社，請陳雨農任教練，唐虎臣教武功，招徒五十人入社學藝，三年後改演舊戲和編演新戲《三滴血》、《雙錦衣》、《鴉片戰紀》、《頤和園》（宣傳愛國主義思想，針砭時弊）。易俗社培養了王天民、劉毓中等一批優秀演員。該社吸收外來劇種的營養對秦腔進行改革，使秦腔既保持激越昂揚的特點，又朝著清麗委婉的方向發展；身段表情由粗獷豪放而趨於精緻細膩。一九一五年和一九二四年，三意社、正俗社成立，培養了蘇育民、李正敏等著名演員，對秦腔藝術的發展也作出貢獻。

　　清末民初，直隸梆子形成新派，與京劇爭雄。一九一三年北京政府下令禁止男女同臺演出，因而產生了坤班。一九一六年，田際雲創辦女子科班崇雅社，有學生五十七人。其後楊韻譜創辦的奎德社影響最大。梆子坤班的活動，促進女演員的成長，改變男扮女角的舊傳統，以直隸語言取代了正宗的山陝韻味。

　　與此同時，漢劇、川劇、粵劇、桂劇、閩劇也都有較大發展。另外，能適應時代潮流、學地方大戲長處、在藝術上有所創造的有河北的評劇、湖北的楚劇、湖南的花鼓戲、上海的滬劇、浙江的越劇、江蘇的錫劇和揚劇、山東的呂劇。一九一九年成兆才編寫的評劇《楊三姐告狀》久演不衰。

（二）戲曲理論研究的兩位大師——王國維、吳梅

　　王國維從一九〇七年開始研究戲曲，次年發表《曲錄》，一九〇

九年寫出《戲曲考原》（說戲曲是「以歌舞演故事也」），後又出版《唐宋大麯考》、《古劇角色考》，一九一二年在日本綜合五年研究成果，最終寫成《宋元戲曲史》。《宋元戲曲史》以重自然、貴「境界」的美學思想，對元曲進行審美評價。元曲意境好，「為中國最自然之文學」，把元曲提高到與楚騷、漢賦、唐詩、宋詞並駕齊驅的地位。這種石破天驚之論得到學術界的公認。這部專著開了戲曲史研究之先河。

吳梅（1884-1939），字瞿安，江蘇長洲人。父母早逝，一九〇三年鄉試落第後始研究創作戲曲。一九〇五年入東吳大學任教，一九〇八年加入南社，一九一七年赴北京大學主講古樂曲，一九二二年後又到中山大學、中央大學、金陵大學任教授，主講詞曲。吳梅的曲論「集三百年曲學之大成」，曲學論著中影響最大的是《顧曲麈談》、《曲學通論》和《南北詞簡譜》。對製麯的規律、唱曲的方法、元明清曲家及其流變進行系統介紹闡述，是當時最完備的曲學論著。成一家之言，導後來先路。

（三）富連成社與崑劇傳習所

一九〇五年在北京成立富連成社，班主牛子厚，一九一二年轉沈昆接辦，一九四八年停辦，歷時四十餘年。富連成社是京劇史上歷時最久、規模最大、培養人才最多的一所科班，並整理、創排了大量優秀劇碼，為京劇藝術的繼承發展，起了承前啟後的作用。

崑劇沒落時期出現了崑劇傳習所。一九二一年秋張紫東等人籌款一千元在蘇州開辦崑劇傳習所，實業家穆藕初承擔一切辦學費用，委託孫詠雩任所長。請人教戲教樂器，先後招生七十人，五年滿師。教師對學生拍板、唱曲、臺步要求極為嚴格，兩年後赴滬、杭、嘉等地演出傳統折子戲四百多段，如《荊釵記》、《牡丹亭》、《西廂記》。一九二六年後改傳習所為新樂府，在上海演出兩年，一九四一年終因難維持而散班。

（四）梅蘭芳的表演藝術

戲曲藝術高度成熟和興盛時期，養育出了一批藝術造詣很高的著名演員。

梅蘭芳（1894-1961），字畹華，原籍江蘇泰州，生於北京。出身京劇世家。八歲學戲，十一歲登臺。演青衣，兼演刀馬旦。繼王瑤卿後，在長期的舞臺實踐中，對京劇旦角的唱腔、念白、舞蹈、音樂、服裝、化妝各方面都有所創造發展，形成自己的藝術風格，影響很廣，世稱「梅派」。代表作有《宇宙鋒》、《貴妃醉酒》、《霸王別姬》、《洛神》、《遊園驚夢》、《抗金兵》等。抗日戰爭期間留居香港、上海，在敵偽統治下蓄須明志，拒絕演出，體現了民族氣節。梅蘭芳以其自然、流暢、圓潤、清新的唱念，嫻熟精美的舞蹈身段等表演技巧，結合現實主義的表演原則，在舞臺上塑造了姿態各異的古代婦女形象，生動而傳神地表現出中國女性的溫柔、含蓄、典雅的精神氣質。如《貴妃醉酒》中的楊玉環，《宇宙鋒》中的趙豔容，《抗金兵》中的梁紅玉，無不俏麗中見質樸，嫵媚中顯大方。歐陽予倩讚譽梅蘭芳是「偉大的演員，美的化身」。一九一九年、一九二四年，梅蘭芳兩次赴日本演出，一九二九年底赴美國演出，歷時半年，一九三五年赴蘇聯演出，均獲得巨大成功，促進了中外文化交流。所著論文編為《梅蘭芳文集》，常演劇碼編為《梅蘭芳演出劇本選集》，另有自述傳記《舞臺生活四十年》。

（五）周信芳的表演藝術特色和成就

周信芳（1895-1975），藝名麒麟童，祖籍浙江慈谿，生於江蘇清江浦。出身藝人家庭，自幼學戲演戲，以演老生為主。「五四」運動前後，受新文化運動影響，曾演出《宋教仁》、《學拳打金剛》等新

戲，抨擊袁世凱。長期在上海演出，曾受譚鑫培、馮子和的影響。與
王鴻壽、汪笑儂、潘月樵協作，編演、移植許多劇碼，並對京劇進行
改革嘗試，繼承和發展民族戲曲的現實主義表演方法，塑造了許多具
有鮮明性格的人物，形成自己的藝術風格，世稱「麒派」。代表作有
《四進士》、《徐策跑城》、《蕭何月下追韓信》、《清風亭》、《義責王
魁》。抗日時期積極參加救亡活動，編演宣傳愛國思想的劇碼。解放
戰爭時期投入愛國民主運動。周信芳是集演員、編劇、導演於一身的
戲曲藝　術家，藝術上具有探索精神，形成自己剛健豪放、蒼勁挺拔
的風格，唱腔、念白、做功有機結合，渾然一體，自成一家。

（六）程硯秋的表演藝術特點和戲劇觀

程硯秋（1904-1958），滿族，北京人。幼年家貧，學京劇，演青
衣。曾拜王瑤卿、梅蘭芳為師。長期在北京演出，藝術上勇於創新，
根據自己嗓音特點，創造出一種幽咽宛轉的唱腔，形成自己的藝術風
格，世稱「程派」。所編演的劇本如《鴛鴦冢》、《青霜劍》、《荒山
淚》、《金鎖記》（解放後改編為《竇娥冤》），大多表現舊社會婦女的
悲慘遭遇，均編入《程硯秋演出劇本選集》。中年後兼搞戲曲理論研
究，對舞臺藝術和劇種源流等有所論述，編為《程硯秋文集》。程硯
秋本著「守成法而不泥成法，脫離成法而不背乎成法」的原則，對京
劇傳統藝術取精去蕪，革舊創新。唱腔、演技（尤以圓場和水袖工夫
著稱）獨創一派。他演的悲劇居多，劇中主人公大多是可敬可愛、可
歌可泣的被壓迫、被損害的婦女形象，如《荒山淚》中的張慧珠、
《金鎖記》中的竇娥、《青霜劍》中的申雪貞、《亡蜀鑒》中的李夫人
等。程硯秋在政治上和藝術上頗具獨特思考，頗有見地。他的講演
《我之戲劇觀》中提出：演戲第一要注意戲劇的意義；第二要注重觀
眾對於戲劇的感情。演戲對社會負有勸善懲惡的責任，演戲絕不是為

開心取樂。一九三二年初，他赴歐洲遊學考察，回國後寫了考察報告，向戲劇界提出十九條有關戲曲改革的建議，進一步豐富深化了他的戲劇觀和藝術見解。日本侵略者佔領華北後，拒絕演出，表示「程某寧死槍下，也決不從命」。

第十章
體育

　　古代中國體育曾經歷高度繁榮和發達的階段，但到了清代，就遠遠落後於歐洲了。鴉片戰爭後，西方近代體育傳入中國，從此也開始了中國的體育近代化進程。這首先得歸功於近代中國先進知識分子對西方體育思想的大力宣傳。

一　近代體育思想的傳播

　　近代體育思想在中國的真正傳播，是從戊戌變法運動中改良派人士開始的。康有為的體育思想集中反映在他的《大同書》中。他主張各級學校都要增添體育設備，如體操場、游步場、秋韆、跳木、爬竿。他認為，少年兒童的身體強弱關係到終身健康，兒童階段應把體育放在第一位。在實施兒童體育時，既不能過分拘束，也不能完全放縱。康有為是最早從資產階級的全面教育的意義來認識和闡述體育的人。康有為的體育主張有一定的科學依據，但在半殖民地半封建的舊中國是難以實現的。

　　梁啟超認為，德、智、體應該全面發展，缺一不可。首先應注重少年兒童的身體健康，主張少年兒童「習體操」。

　　譚嗣同是一個主「動」論者。他認為世界萬物都是運動著的，人們只有「喜動」，社會才會崛起。他的主動論，在衝破封建羅網、提倡體育運動等方面，起過積極作用。

　　資產階級啟蒙思想家嚴復也積極宣傳近代體育思想。他在一八九

五年寫的〈原強〉一文中，根據進化論原理和「體」、「用」統一的思想，積極宣導運動健身，強調力、智、德三育為強國之本。在他的鼓吹下，自強保種、尚武強國的風氣盛行一時。

資產階級改良派的思想，充滿著對舊文化的依戀和對新文化的嚮往，對西方文化的傾慕和對帝國主義侵略的反抗。他們以「救亡圖存」為目的，以進化論為武器，提倡近代體育，實際上是對封建教育和封建武舉制度的否定，在社會上逐步形成了「恥文弱」的尚武風氣。他們所宣導的新的體育觀，為近代體育的廣泛傳播掃清了思想障礙，體育作為一種強身手段開始受到社會各界的重視。當然，他們對近代體育的認識畢竟是籠統和膚淺的，還談不上深入的研究，因而這些體育思想的傳播和影響都很有限。

二　體育思想的演變

在「五四」新文化運動的推動下，一部分激進的民主主義者，也把體育作為向封建文化開戰的一條重要戰線，開始用科學的觀點研究和提倡體育。

一九一七年四月，毛澤東以「二十八畫生」的筆名，在《新青年》第三卷第二號上發表〈體育之研究〉一文，針對中華民族體育衰弱，提倡體育者多不知「體育之真義」的情況，就體育的意義、作用、體育與教育的關係等問題提出自己的見解。

文章首先對體育的涵義作了比較科學的解釋：「體育者，人類自養其身之道，使身體平均發達，而有規則次序之可言者也。」說明體育是人類特有的鍛鍊身體的方法；體育須使人體全面均衡發展，其本身又是具有一定規律性的。

文章正確地闡述了體育與智育、德育的關係，指出知識和道德固

然可貴，但身體也很重要。身體猶如「載知識之車」、「寓道德之舍」，「德智皆寄於體，無體是無德智也」。文章強調少年兒童應特別「注意身體之發育」，學校宜「三育並重」。文章批評了重視智育、德育而輕視體育的現象，指出當時的學制和「密如牛毛」的課程，對學生只能起到「蹂躪其身而殘賊其生」的嚴重危害。

文章對體育的作用也進行了較深刻的闡述。指出體育的功效是「強筋骨」、「增知識」、「調感情」、「強意志」。「強筋骨」是其最基本的作用，其它三方面的作用必須通過「強筋骨」才能獲得；反過來，其它三方面的功效又能促進「強筋骨」。

文章對參加體育活動應注意的問題，也提出精闢的見解。強調人們參加體育活動要自覺自願，體育鍛鍊「重在實行」。鍛鍊的方法不必貪多，鍛鍊過程要注意三點：一是「有恆」；二是「注全力」；三是「蠻拙」。

文章還針對人們參加體育運動的思想障礙，深刻論述身體與精神、體強與體弱、鍛鍊與養護、客觀與主觀之間的辯證關係，得出身心可以並強、強弱並非一成不變、鍛鍊是主導、鍛鍊要靠主觀自覺等科學結論。

〈體育之研究〉在有關體育的一系列問題上，有破有立，提出獨到見解，很有說服力，不失為一篇傑出的體育理論文獻。

這一時期代表進步體育思想的，還有惲代英的〈學校體育之研究〉、陳獨秀在《新青年》上發表的〈隨感錄〉及徐一冰等人的文章。

惲代英很早就致力於中國體育事業，特別是學校體育的研究。一九一七年六月，他在《進步青年》第四期上發表〈學校體育之研究〉一文，明確提出學校體育的目的是「保學生之健康」，抨擊了大搞「選手體育」而損害學生健康的行為，同時還揭露強迫實施「軍國主義體育」的危害，也提出了一些改革學校體育的具體措施。

陳獨秀早年從事教育工作。一九○二年他在一封給友人的信中就提出小學教育應德、體、智兼備。辛亥革命以後，他成為新文化運動的旗手。一九一五年十月，他在《新青年》上撰文指出：「強大之民族，人性、獸性同時發展……獸性之特長為何？曰意志頑堅，善鬥不屈也；曰體魄強健，力抗自然也；曰依賴本能不依他為活也；曰順性率直，不飾何自文也。」他認為身心健康是作為政治家、軍人、宗教家、實業家……的先決條件之一，進而大聲疾呼：「司教育者與受教育者，其速自覺覺人！」他的議論充滿了民主與科學精神，在當時影響很大。

徐一冰是我國早期著名的體育教育家，也是進步體育思想的積極宣傳者之一。一九一四年他在《體育雜誌》上撰文論述「正當體育」為「普及體育」之根本，同時在〈整頓全國學校體育上教育部文〉中，要求統一中小學「體操及遊技」，「革除兵式教練」，學校體育「亟應添習本國技擊」，還建議由國家建設一體育專門學校以示模範，各省「置設學校體操視學官」，女學校的體操課「必須延聘女子教員教授」。他的關於學校體育的思想系統而全面，先進而又切實可行。

此外，魯迅在《新青年》上發表的一系列〈隨感錄〉中，在批判「靜坐」和「新武術」的同時，也主張兒童體育要「動」，「萬不可向靜的死胡同走去」。他的體育思想有一定的科學性，但也有一定的片面性。

新文化運動時期的進步體育思想和力主運動的主張，是思想文化革命的一部分，它是對袁世凱復古逆流的否定，為近代體育的發展奠定了思想基礎。

「五四」時期，美國實用主義教育學說在「反對專制主義」的旗號下，通過杜威、胡適等人傳入中國。在北洋政府的支持下，它很快就在教育領域裏取得支配地位。與此同時，自然體育思想也被介紹到

中國，二十世紀二〇年代以後逐漸成為影響我國體育的重要理論之一。先後在我國傳播這種思想的有麥克樂、郝更生、袁敦禮、吳蘊瑞等人。

自然體育思想和實用主義教育學說，在本質上是一致的，主張教育和體育的目的在於培養人，留傳文化；教育和體育即生活，以兒童為中心，強調個性自由發展。因此，自然體育推崇自然活動，否定人為體操。

自然體育的傳播，對我國近代體育特別是學校體育的發展產生巨大影響。首先，由於它強調人的本性，因而被一些人用來作為批判封建專制色彩很濃的兵操的武器。其次，由於它強調體育的教育意義，促進人們對體育教學規律和體育教學法的研究，如設計教育法、分組教學法等，就是在這樣的背景下產生並流行一時的。一批影響較大的體育教材和著作，如《三段教材》（王懷琪編）、《新學制體育教材》、《小學體育教材》、《體育叢書》（以上均由勤奮書局發行）、《體育原理》（吳蘊瑞、袁敦禮合著）等，也是在二十世紀二〇至三〇年代問世的。同時，由於自然體育強調運動要適應人的生理及心理本性，因而促進運動生理、心理、解剖等理論學科的發展，促進了體育教育和運動的科學化。

但是，自然體育思想對我國近代體育的發展也有一些消極影響，主要是：一、過分強調體育的教育功能，導致體育的固有任務（增強體質，促進人的全面發展）不能明確和落實；二、強調以兒童為中心，不適當地削弱了教師的主導作用，影響教學的完整性和系統性，成為「放羊式」體育教學的理論根據之一；三、對體操的看法過於偏激和片面，影響我國體育運動的發展；四、強調個性自由雖有助於競技運動的發展，但也助長了「選手體育」的風氣。

參考文獻

陳剛光　中國近代文學史　廣州市　中山大學出版社　1897年

中國社會科學院　中國近代文學論文集　北京市　中國社會科學出版
　　　社　1981年

陳景磐　中國近代教育史　北京市　人民出版社　1979年

李　侃　近代傳統與思想文化　北京市　文化藝術出版社　1990年

李少白　科學技術史　武漢市　華中工學院出版社　1984年

蔡尚思　中國文化史要論　長沙市　湖南人民出版社　1979年

方漢奇　中國近代報刊史（上、下）　太原市　山西人民出版社
　　　1982年

楊天石、黃遵憲　上海市　上海人民出版社　1979年

侯外廬　中國思想史綱（下）　北京市　中國青年出版社　1981年

湯志鈞　康有為政論集（上、下）　北京市　中華書局　1981年

舒新城　中國近代教育史資料（上、下）　北京市　人民教育出版社
　　　1985年

錢　穆　中國文化史導論　臺北市　正中書局　1948年

李寶嘉　官場現形記　北京市　人民文學出版社　1979年

吳沃堯　二十年目睹之怪現狀　北京市　人民文學出版社　1978

史全生　中華民國文化史（上、中、下）　長春市　吉林文史出版社
　　　1990年

思考複習題

一、簡述中國近代反帝反封建的幾次思想潮流。

二、簡述資產階級改良派的進化史觀。

三、簡述資產階級革命派的進化史觀。

四、從林則徐、洪秀全到康有為、孫中山，他們是怎樣向西方學習的？

五、述評中國資產階級新史學。

六、述評邊疆史地研究代表著作。

七、綜論外國史地研究。

八、簡論近代中國反侵略文學的特點。

九、簡述從戊戌變法到辛亥革命時期的文學。

十、述評黃遵憲詩歌創作的成就。

十一、太平天國文化有何特點？

十二、述評梁啟超對文學改革的貢獻。

十三、略評近代中國 "四大譴責小說"。

十四、述評林紓的翻譯小說。

十五、閱讀魯迅的《中國小說史略》，寫一篇讀書筆記（2000字之內）。

十六、簡述洋務運動時期新式學堂的產生。

十七、略述近代中國留學教育概況。

十八、綜論資產階級改良派的教育思想。

十九、簡述中國科舉制度的興衰史。

二十、綜述外國教會在華辦學發展史。

二一、簡述近代學制的幾次重要變化。

二二、略論蔡元培的教育思想和實踐。

二三、簡述西方近代科技的引進和傳播。

二四、述評李善蘭、華蘅芳、徐壽及其在科技上的貢獻。

二五、簡論近代中國新學與舊學之爭。

二六、述評詹天佑、馮如的科技新成就。

二七、西方自然科學在中國傳播產生了什麼影響？

二八、簡述新文化運動的興起。

二九、簡述近代中國婦女解放運動。

三十、中國近代報刊發展史有何特點？

三一、概述中國近代四大宗教。

三二、概述中國近代音樂。

三三、概述中國近代美術。

中華文化思想叢書 A0100019

近代中國文化概論

編 著 者 張海聲
責任編輯 蔡雅如

發 行 人 陳滿銘
總 經 理 梁錦興
總 編 輯 陳滿銘
副總編輯 張晏瑞
編 輯 所 萬卷樓圖書股份有限公司
排 版 林曉敏
印 刷 百通科技股份有限公司
封面設計 斐類設計工作室

出 版 昌明文化有限公司
桃園市龜山區中原街 32 號
電話 (02)23216565
發 行 萬卷樓圖書股份有限公司
臺北市羅斯福路二段 41 號 6 樓之 3
電話 (02)23216565
傳真 (02)23218698
電郵 SERVICE@WANJUAN.COM.TW
大陸經銷
廈門外圖臺灣書店有限公司
電郵 JKB188@188.COM

ISBN 978-986-92892-5-2
2016 年 4 月初版
定價：新臺幣 320 元

如何購買本書：

1. 劃撥購書，請透過以下郵政劃撥帳號：
帳號：15624015
戶名：萬卷樓圖書股份有限公司
2. 轉帳購書，請透過以下帳戶
合作金庫銀行 古亭分行
戶名：萬卷樓圖書股份有限公司
帳號：0877717092596
3. 網路購書，請透過萬卷樓網站
網址 WWW.WANJUAN.COM.TW

大量購書，請直接聯繫我們，將有專人為您
服務。客服：(02)23216565 分機 10

如有缺頁、破損或裝訂錯誤，請寄回更換

版權所有·翻印必究
Copyright©2016 by WanJuanLou Books CO., Ltd.
All Right Reserved　　　　**Printed in Taiwan**

國家圖書館出版品預行編目資料

近代中國文化概論 / 張海聲編著.-- 初版.--
桃園市 : 昌明文化出版 ; 臺北市 : 萬卷樓發
行, 2016.04
　面 ；　公分.-- (中華文化思想叢書)
ISBN 978-986-92892-5-2(平裝)
1.文化史 2.近代史 3.中國
637　　　　　　　　　　　　105002882

本著作物經廈門墨客知識產權代理有限公司代理，由上海交通大學出版社有限公司授
權萬卷樓圖書股份有限公司出版、發行中文繁體字版版權。